湛庐文化 Cheers Publishing

a mindstyle business

与 思 想 有 关

U0951706

NICK
BILTON

生活在未来的新媒体领袖

# 尼克·比尔顿

NICK BILTON

# 从知名设计师到《纽约时报》首席博主

尼克·比尔顿出生于英国，后来搬到美国生活。他在新学院大学获得新闻与纪录片专业学位，还在视觉艺术学校获得平面设计学位。进入职场后，比尔顿做过多种工作，从广告、写作与摄影，到视频、程序设计和用户界面设计……

初入职场，比尔顿选择到电影业打拼，负责为影片设计标题。后来，他转到服装设计行业，设计了第一个以“小甜甜”布兰妮为原型的洋娃娃。再后来，他转投广告界，负责网络广告和网络程序设计。2000年，随着互联网泡沫的破灭，比尔顿离开广告界，决定做一名纪录片制作人。为了实现这个目标，他专门到纽约大学参加了一个为期一年的新闻与纪录片课程。但后来，他却放弃这个日标，转而进入《纽约时报》工作。

刚开始，尼克·比尔顿担任《纽约时报》科技与商业版的美术编辑。因为文笔出色又会写电脑代码，他被指派到由微软和《纽约时报》合作的新数字阅读合作计划中工作。后来，他又进入《纽约时报》研究与发展实验室，参与了各种新科技产品的设计与推广。与此同时，比尔顿还担任《纽约时报》新闻编辑部设计整合编辑，后来又成为《纽约时报》Bits Blog的首席博主。

# 用科技引领新媒体未来

在成长过程中，尼克·比尔顿一直对新科技充满浓厚的兴趣，任何有按钮或屏幕的东西都会令他感到兴奋。

在《纽约时报》研究与发展实验室工作时，比尔顿接触到大量有可能在未来改变我们生活的新技术。他专注于在未来的数字媒体上发掘和创造内容以及各种互动，包括智能手机应用软件、TIMES READER2.0 阅读器、数据视觉化、环境感知器等。实际上，研究与发展实验室的核心任务就是展望未来，探索未来 2~20 年可能在生活中全面普及的新技术。

比尔顿现在所做的工作，大多与新科技密切相关。他与迈克尔·扬共同创立 Shifd.com，帮助用户把内容转换成各种格式以便在多种设备上播放——Shifd 在“雅虎北研黑客日”上斩获总冠军。他是纽约最著名的创客空间 NYC Resistor 的创始人之一——NYC Resistor 提供硬件与编程课程，让人们有机会合作研究开源软件和机器人项目。他还在纽约大学交互式通信项目组（ITP）兼职教授“1，2，10”课程——该项目致力于探索富有想象力的通信技术的使用方法。

NICK BILTON

# 用设计和代码讲述故事

尼尔·比尔顿虽然身为《纽约时报》的员工，却很早就放弃了阅读纸质报纸。他热衷于尝试各种最新网络服务与数码产品，希望弄清楚未来到底会如何、未来人们会如何讲述故事、传播故事、消费故事。

比尔顿的工作中充斥着各种元素：照片、文字、包装、设计、程序代码，他将这些元素融合在一起，编织出一个个精彩的故事。实际上，比尔顿认为，我们所做的每一件事，都是通过某种形式在讲故事。在这个数字社会中长大成人的一代并不在乎借助的是什么媒体，他们只关心最终的结果，也就是故事情节和信息。这一代人通过图片、文字，以及静止和动态的影像来思考，然后自然而然地将其融于同一个空间。

比尔顿告诉我们，所有的人归根结底都是讲述故事的人，无论是一篇文章或一篇报道，无论是卖一件衣服或一台车，还是发一篇讲述你如何度过周末的博客文章，都是在讲故事。不管是只有140字，还是一本书，无论你是在3D电影中还是在讲台上现身说法。传统讲述故事的方式已经一去不回、传统听故事的方式也一同消失，但令人兴奋的新故事已经开始一个一个地出现。未来，将是讲述故事的人的新世界。

**相关作品**

湛庐文化 Cheers Publishing 特别制作

I LIVE
IN THE FUTURE & HERE'S
HOW IT WORKS

Why Your World,
Work & Brain Are Being
Creatively Disrupted

# 翻转世界

## 互联网思维
## 与新技术如何改变未来

[美] 尼克·比尔顿（Nick Bilton）◎著
王惟芬/黄柏恒/杨雅婷◎译

浙江人民出版社
ZHEJIANG PEOPLE'S PUBLISHING HOUSE

I LIVE
IN THE FUTURE
& HERE'S HOW
IT WORKS

## 致读者

## 一本不一样的书

亲爱的读者：

这不只是一本关于某种独特阅读体验的书。

在网络上，借助电脑或智能手机，你可以阅读本书每一章的补充内容：包括视频、指向其他文章和研究的链接，以及互动式的体验——它们将带领你能更深入地探究每一章所讨论的话题，帮助你获得远远超过书中文字的内容。

每一章的章首都有一个二维码。你可以从nickbilton.com 网站上下载一个免费应用软件，借助这个软件，你可以扫描这些二维码，然后在手机上浏览补充内容。

在 nickbilton.com 网站上，或通过《翻转世界》为 iPhone 和 iPad 提供的免费软件，你可以就感兴趣的内容发表评论，并加入其他读者与我在网络上的讨论，进而成为《翻转世界》社区的成员。

I LIVE
IN THE FUTURE
&
HERE'S HOW
IT WORKS

# 目录

I LIVE IN THE FUTURE & HERE'S HOW IT WORKS

# 前　言

## 再见，印刷版《纽约时报》

诚如你将看到的，我吃我自己的狗粮。

我曾经很喜欢读报纸。2004 年，当我开始在《纽约时报》工作时，我兴奋地发现，星期日版《纽约时报》的大部分内容是提前印好的，而且，一沓最早面世的报纸，会在每个星期六送达时报大厦。我在世界上最受尊崇的报社之一工作，除了薪水外，还可以提早一天拿到星期日版《纽约时报》，看到“一周回顾”、“都市版”和“周日商业专刊”等版块。

于是，我养成了一个新习惯：每个星期六下午早早去办公室等着，当第一批送报卡车抵达时，抓几份油墨未干的报纸，跑回家沉浸在明天的报纸中。没多久，朋友们开始打电话给我，向我索要“房地产版”或一整份星期日版报纸的试印本。

不过，一两年后我终止了自己星期六的“例行公事”，也没有人再打电话来索要报纸了。朋友们有了新的阅读习惯，更快速、更个性化的数字阅读取代了纸质阅读，也让人们忘记了对新鲜油墨香的期待和印刷纸页的触感。即使是免费赠阅的报纸，他们也不想要了。

同样的情况也发生在我身上。多年来，我每天早上睡眼惺忪、迷迷糊糊、跌跌撞撞地走到门口取早报；但现在，我一起床就在自己的电脑上查看新闻标题，上班途中则通过手机阅读报道文章，而且整天都在浏览新闻网站。借由 Facebook 和 Twitter 等社交网络——它们帮助人们以更快速的方式将最好的内容聚集在一起，我能够在网上更迅速地看到新闻。我也能够以更简单明了的方式，分享我觉得有趣的文章，并加上我自己的评论，以帮助朋友、家人和同事挑选出精华内容。回想起来，我当时正历经着一种个人的“数字变形”（digital metamorphosis）——你们之中有许多人将经历这个过程，甚至早已经历过了。对某些人来说，这个过程随着时间的推移而逐渐发生——你逐步将纸张工作移到电脑、手机或数字阅读器上；对另一些人来说，它是立即发生的——只要购买一部超炫的新手机或新数字阅读器，一个充满各种电子可能性的新世界便豁然出现在面前。

于是乎，我家里没被读过的报纸，开始在前门堆叠成一件家具，最下层的报纸更是变成令人作呕的卡其色。我太太和我都以“那一堆”来指称那座越来越高的“报塔”。

随着泛黄报纸越堆越高，终于，我决定采取行动了。我一直等到午餐休息时间才打那通电话，还一边打，一边环顾周围的小隔间，以确定没有人听得到我说话。我觉得自己像个拈花惹草的丈夫，要知道，当背叛者的滋味真不好受。

我拿起电话，接通了《纽约时报》发行部。我试图掩饰自己的声音，就加了一点口音，又说得比平常慢些，以免让人听出是我。

“是的，我确定要取消递送报纸的服务，”我告诉客服人员，“很抱歉，我只是不再读它了。”

**媒体变革**
I LIVE IN THE FUTURE & HERE'S HOW IT WORKS

毫无疑问，我爱《纽约时报》。它的报道仍然是顶尖的，一点也不输从前：观察敏锐、探索深入、思辨周密，而且能增广见闻。问题是，它的取向对我不再有意义。报纸是个内含上百篇新闻报道、整理得条理分明的包裹，它依据主题和重要性安排版面，由我的编辑同事精心挑选而成。头条新闻在这里，商业报道在那里，周一到周五的大部分时间，体育新闻都在商业版之后。

但这正是问题所在：它聚集了众编辑认为“合适的内容”，但却不是为了我、我的偏好、我的喜恶而设计的。更重要的是，等到那些经过仔细斟酌的纸上文字——永远地印在纸上，为广大读者挑选出来的，送达我家时，许多内容已经过时了。

几年过去了，我心满意足地依照自己的方式获取新闻。我继续在《纽约时报》研究室工作，帮助“灰色女士”[①]在手机、电脑屏幕和视频产品上找到她的位置，而我的“职场外遇”仍旧是我的私事。接着，2009年春天，我出现在一份演讲者的名单上，那是在加州圣何塞市（San Jose）举办的、充斥着电脑怪咖的奥赖利新兴科技研讨会（OReilly Emerging Technology Conference），与会对象均为尖端科技的研发者。一位与会的《连线》杂志记者要求访问我。

作为一个“良好”的企业雇员，我征询《纽约时报》公关人员的意见，确定访谈是否妥当。他们批准了，于是我坐下来与瑞安·辛格（Ryan Singel）对谈。

① 纸媒对《纽约时报》的昵称。——译者注

一个多小时的访谈中，我向辛格展示来自我实验室的一些原型，例如数字起居室的内部运作，在那里，新闻内容可以准确无误地从我的电脑传到手机，再传到电视的大屏幕上。我向他展示我电脑上的录像：食谱作者、“简约主义”专栏作家马克·彼特曼（Mark Bittman）快速做出一道菜肴的过程——如何快速出现在我的电视上，而食谱则同时跃上我的手机屏幕。每个装置都可以连接到其他装置，而我在电脑上读到的报道，可以用电视、电脑、手机上的地图或视频访谈做出解释说明。将来有一天，沙发中的感应器可能会提醒电视或电脑转到我最喜欢的节目或网址，手机中的感应器可能会侦测到我正坐在车里，于是将信息大声地“读”出来，而非显示在屏幕上。对于那些仍然想要阅读报纸的人，报箱也许可以为他们打印出个性化的版本——上面有为顾客量身打造的广告，甚至能够通知附近的星巴克，我正要过去买咖啡。

我兴奋地谈到我们的一些移动应用软件（mobile applications）的雏形：在这些软件中，新闻可能会根据各种不同的场景而改变。想象一下，午餐时间，你走在某座城市的街道上，用智能手机阅读《纽约时报》，由于手机知道午餐时间到了，于是与食物和本地餐厅有关的文章便出现在屏幕上。我向他说明各种柔性显示器（flexible displays）的雏形与概念：在这些显示器中，可弯曲的屏幕可以不断更新新闻内容，还可以像纸一样被折叠收放。

在访谈即将结束、辛格准备离去时，他问我看不看报纸。在那一瞬间，我不太确定该如何回答。我应该说谎吗？取消订阅的决定是在许久之前做的，以至于我不曾思索过取消订阅的后果。但现在是2009年，是笔记本电脑、iPhone和Kindle[①]的时代。我决定据实以告：我告诉他我偏好在我的电脑、手机和电子阅读器（e-reader）上读《纽约时报》。

① 网络零售商“亚马逊”推出的电子书阅读器。——译者注

几小时后，我演讲完毕，与几位感兴趣的与会者闲聊了几句后回到旅馆房间，发现我的邮箱塞满了未读邮件。有些朋友和新闻编辑部的同事是来道贺的。“嘿，尼克，连线网[①]上的那篇报道超棒！”他们写道：“看到《纽约时报》获得这么多的数字媒体赞扬真好。”但其他人——来自公司营销部门的同事，则用不祥的口吻说道：“老天！这边的人快气死了！”“‘老大们’在谈论这件事。”有位同事简短地写道。

我一头雾水，纳闷自己究竟说了什么，竟让“老大们”谈论起这件事，于是我上了《连线》的网站。“《纽约时报》电子科技专家展望新闻未来”的标题下（附带一张我坐在笔记本电脑旁微笑的书呆子照片）写着：“尼克·比尔顿，《纽约时报》研究与发展实验室编辑，并不怎么看重报纸。事实上，他甚至没让星期日版《纽约时报》递送到他家。”

“多亏比尔顿及其雇主的实验创新精神，他对于新闻的未来充满信心。”辛格继续写着，针对我对于纸，而非《纽约时报》的感觉，他又补充了一句：“他讨厌的只是纸而已。”

在这段开场白之后，辛格对于我所展示给他的，来自我们实验室的工作成果，做了一番简洁且超级正面的概述。这篇文章对我们的工作表示支持，对一家致力于向其股东说明它确实是个前瞻性数字机构的公司来说，应该是一篇很棒的新闻报道。我的某些同事备受鼓舞，因为这篇报道证实了这家报社正将关注点放在未来。

但也有一些同事和上司们怒火中烧，因为我公开承认自己回避《纽约时

① 该网站为《连线》杂志的线上版，着重于报道科技对文化、经济和政治的影响，其网址为www.wired. com。——译者注

报》的核心产品。有些人甚至认为，我可能会说服其他读者跟着取消订阅报纸。

次日，我回到办公室，立刻被告知我不该告诉全世界我不读印刷版的《纽约时报》。为了平息这场风波，我为自己的言论向公司做出了道歉。

但说实话，我完全搞不懂为什么要道歉。很显然，我并不是唯一停止阅读印刷版《纽约时报》的人。事实上，过去几年在全美国发生的状况着实令人震惊：2008 年，美国的付费报纸发行量跌至 4 910 万份，那是自 20 世纪 60 年代末期以来最低的数字，远低于 20 世纪 90 年代（当时互联网刚开始蔚然成风）所达到的低谷：6 000 万份。《纽约时报》也同样受到打击：其发行量在 20 世纪 90 年代下滑，于 21 世纪初保持平稳，然后再度下滑。《纽约时报》的每日发行量在 20 世纪 90 年代初期接近 120 万份，在我发表演讲时将近 100 万份，而在 2009 年年底滑落至七位数以下。

印刷版《纽约时报》的发行量只透露了部分实情。科技转移带来一场严重而痛苦的经济衰退，在这种情况下，广告商抛弃报纸的速度甚至比订阅者更快。根据美国报业协会的统计，整个报业界来自印刷版报纸广告的收益，宛如坠落悬崖一般，从 2005 年的 474 亿美元，骤降至 2009 年的 248 亿美元，五年内缩减了将近一半。

而且，报纸绝不是唯一快速衰退的媒体。数字革命正颠覆我们知道的每一种媒体形式：根据美国出版商协会的资料，书籍销售量在 2009 年滑落至 2004 年以来的最低水平。出版商信息局则指出：虽然杂志订阅量稍有增长，但在 2009 年，售出的广告页下跌超过 25%。尽管蓝光影碟越来越受欢迎，电影票房也欣欣向荣，但 DVD 影片的销售量仍在 2008 年下跌了 8%。在所有产业中，音乐界遭受的打击最严重：十年来，全球销售额年年下滑——至今仍看不到谷底。2009年，CD唱片的销售量在金额和发行量上，均下跌超过20%。虽然数字下载（digital download）日益风行，目前占音乐产品销量的40%，但它们所带来的收益尚未能弥补日益缩减的光盘销售量。

鉴于人们阅读、聆听和享受娱乐的方式发生了革命性转变，《纽约时报》的主管难道不该问我为何舍印刷版而取数字版，并探查我如何获取新闻吗？难道我们不该向前走，而该往后退吗？

试想一下，如果你拥有一家餐厅，并为员工提供免费的食物，但他们却宁愿从家里自带午餐和晚餐来上班。你会对一盘盘刚出炉的大蒜面包摆在桌上却乏人问津视而不见吗？希望你不会。如果那是我的餐厅，我会想知道他们为什么不喜欢我的产品，而且会尽一切努力去改变现状。

在谷歌，他们把这种做法称为“吃自己的狗粮”（dogfooding）。意思是，如果你制造狗粮，小狗们却不肯吃，那么你可能做错了什么。研发出Gmail的人必须用这项服务来收发电子邮件，如果哪里出现问题，他们就得解决它。倘若有一群谷歌程序设计师都不喜欢某项服务的特点，他们就应该改变它——无论是谷歌搜索、谷歌移动服务，还是其他谷歌产品。同样的道理，如果我不读报纸，必然有原因。

然而，我在采访中发表的评论，并不只是带来轻微的惩戒而已。我从无数部门的无数员工那儿听到无数次指责，但每一次我都继续深究这个议题。我坚持认为谈话重点不该是我公开发表的言论，而应该是我的行动。我想要指出的是，就新的传送方法和下个时代的消费习惯而言，报纸将遭淘汰的凶兆，已昭然揭示在墙上——或者也可以说，在屏幕上。

**媒体变革**
I LIVE IN THE FUTURE & HERE'S HOW IT WORKS

我试图解释，就像许多与我同时代的人一样，我之所以偏好即时数字经验（instantaneous digital experience），是因为这能使我与他人分享我最喜爱的文章，并在观看其他读者意见的同时加上评论，从而参与集体讨论。印刷出来的报纸是静态的，它的叙事也是静态的；相对来说，一则数字叙事可以包含生气蓬勃的交互式多媒体，如影片与幻灯片。在我的社交网络中的人们，以及我所信任的人，会与我分享相关的内容，而他们的评论和新闻采集已成为重要的过滤器，过滤出我需要的故事。重点不在于印刷相对于数字，而是即时性（immediacy）、细节、链接、互动式图像、影片，以及最重要的，超个性化（hyperpersonalization）。我所获取的新闻，绝大部分仍来自《纽约时报》，只不过我用了另一种不同的获取方式。

虽然我不想表现得傲慢无礼，但他们必须接受事实，并做出回应。我的同事们不会在某天早上醒来突然渴望看报纸。世界正在改变，忽视这个事实并不会让改变消失。

在我任职于《纽约时报》的6年中，这次的综合体验最不好受，也最令人焦虑。幸好，大部分压力在几星期后减弱了——不过我相当确定，公司里某些衣冠楚楚的家伙，巴不得看到我捧着一箱私人物品被逐出公司。幸好，我的运气不错，《纽约时报》的运气也不错，这群人在公司只占少数，而这家声誉卓著的大报社继续以数字方式重塑新闻的前线——而我仍在研究与发展实验室工作，人们可以从《纽约时报》每日新闻，创新和尖端的数字内容中发现我的身影。

我应该在此补充：如果你仍然阅读报纸上的新闻，那完全合乎情理。就阅读内容而言，纸仍然是首屈一指的工具；它可以丢弃，相对便宜，无论少量还是大量制造都比较简单，而且不需要电池或插座。无可否认，线上阅读体验仍然无法超越纸张阅读体验，想要超越纸张，线上阅读还有很长的路要走。

不过，纸张的替代品即将到来，而且在某些情况中，它们已经存在。科技公司正设法让我们生活的每个面，都与数字世界同步运转：全球定位系统正在取代地图，食品杂货优惠券开始出现在你的手机上，在线电话号码簿也远比你的纸质电话簿更有效率。为你呈现每日新闻的纸张替代品也将随之到来。本书将帮助你了解这一切所代表的意义，并告诉你应如何应对。

## 我活在未来

没错，我是个科技怪咖。在成长过程中，我永远是电子游戏的第一批玩家；直到现在，任何有按钮或屏幕的东西依旧令我兴奋。此外，我天生就适合这个无线世界。你叫它注意力缺陷障碍（ADD）也好，“缺乏耐性”也罢，“过度活跃的想象力”也行，反正我总觉得专注在一个主题上是非常困难的事。

我的职业生涯反映出了我的这个特质。一开始，我在电影界设计影片标题。然后转到包装设计，在那里创造出有史以来第一个布兰妮娃娃[①]的原

① 以流行歌手小甜甜布兰妮为范本制作的娃娃，类似芭比娃娃，但搭配以布兰妮曾在演唱会上穿着的服装。——译者注

始实体模型（请不要拿这个来非难我——每个人都做过自己并不引以为荣的事）。接着，我又转到广告界，后者很快转形为网络广告和网络程序设计。2000年网络泡沫破灭时，我决定成为一名纪录片制作人，还去参加了纽约大学为期一年的新闻与纪录片课程，后来却再度转换跑道，在纽约一家小规模的非传统周报中工作，并在那里摸熟了门路。

我在《纽约时报》的第一份工作是商业版和科技版的美术编辑。很快，我的上司发现我既能写文章，又能写电脑代码，于是将我秘密指派到一个由微软与《纽约时报》合作的新数字阅读合作计划中工作（这个计划叫做“时报阅读器”（Times Reader），它为平板电脑开发了一种新的数字报纸）。在那里，我得到两个研究与科技整合的新角色。有3年时间，我是《纽约时报》研究与发展实验室的使用者界面专员与研究员。

研究与发展实验室将注意力放在各式各样的计划上，包括设计并制作手机的各种装备雏形，或是与仪器制造商合作，尝试打破电子阅读器与即将上市的柔性屏幕的界限。我们也为公司撰写短篇“白皮书”，以探索并解释无限制的无线网络可能造成的影响，或是针对即将出现的科技以及它们在接下来几年将如何影响人们创造、获取和传送新闻内容的方式，进行有根据的推测性研究（informed speculative research）。我们在研究与发展实验室的核心任务是展望未来，尝试预测科技与媒体在接下来2~10年将如何运作——我们将使用哪些工具、媒体，以及可能随之出现的广告形式。

同时，我还在新闻编辑部担任设计整合编辑（design integration editor），负责思考印刷版报纸的叙事如何变形并改写成某种数字形式。近年来，我加入商业版的撰文队伍，成为报社科技博客Bits Blog的首席博主。

回顾过去 15 年来我曾经做过的各种工作——从广告、写作与摄影，到视频、程序设计和使用者界面设计，我注意到，有一条从未偏离的线将各种不同的工作绑在一起，那便是讲述故事（storytelling）。

我工作中的所有元素，如照片、文字、包装、设计、程序代码，彼此融会贯通，编织出了一个故事。事实上，你们之中也有许多讲述故事的人，会使用各式各样的媒体与营销策略来销售你们的产品，你们的政治候选人，或你们最棒的主意。我们所做的每件事，都是通过某种形式在讲述故事。

**媒体变革**

I LIVE IN THE FUTURE & HERE'S HOW IT WORKS

同我一样，在这个数字社会中长大成人的一代，并不认为或觉得不同媒体有很大差异。影片？文字？音乐？计算机代码？都无所谓。使用哪些工具无关紧要，重要的是最终的结果，即故事情节和信息。这一代人通过图片、文字、静止和动态的影像来思考，而且很自在地将它们通通融于同一个空间。

不仅如此，他们不需要专业人士的指导或专业设备的帮助就能做到这一点。只要有一台电脑和一架便宜的相机，他们就能够创造和获取或短或长或篇幅适中的内容。即使某个形式并不存在，他们也能够创造出来。他们是由讲述故事者组成的新政权。

## 你也将置身未来

曾几何时，各种内容都被打包进又大又重的包裹。那时，你不会买一个很棒的故事，而是买一本杂志或书。大多数时候，你会买音乐专辑、磁带或CD唱片，而不是单曲。电影是晚间娱乐。唯一的编辑或剪辑工作全由专业人员完成，营销则由大公司通过技巧娴熟的推销员和巨额营销预算来处理。即使某些情况下广告收入补贴了成本，东西还是会被提高价钱销售。

这种情况再也不会发生了。今天，在大量科技创新的驱动下，上述模式正在崩塌。以电脑为例：随着存储器、内存容量和屏幕变得越来越便宜，可能的选项正不断增加，远远超过25年前最狂野的梦想。20世纪80年代电脑数据资料的基本单位字节（byte），仅仅以数千个为一组，创造出的游戏十分简易，只由点、线和方程式构成。如今，电子游戏变得如此真实，以至于你很难分辨自己究竟是在看电影，还是在虚拟世界中玩游戏。

这些科技产品的定价也在讲述着一个非常有趣的故事：在1984年，容量为10M的硬盘是个令人瞠目结舌的奇迹，在真实交易中约值4 495美元。到了2004年——只不过20年后，这样的硬盘已经过时，因为它的容量太小，无法胜任现代的计算工作，所以不值得生产。今天，你只要花100美元便可以买到超过500G的容量——换句话说，用当年价格的一小部分，就能买到5万倍的储存空间。

诸如此类的惊人发展，正驱动着许多改变发生，而这些改变颠覆了我们所知的每一种媒体形式。逐渐地，随着成本下降，智能屏幕将成为万用显示器，能用来展示电视节目、报纸、博客、Facebook状态更新、家庭相簿、杂志以及书籍。内容软件公司将不再局限于某一种目的，它们将能够创造并销售各种类型、尺寸与形状的信息或娱乐节目。在这个由无数讲述故事者组成的世界里，我们将获取由文字与图像组成的、形式可长可短的内容，我们可以自行决定探索的深度与广度。

当上述情况发生时，有什么力量能够阻止 CNN 制作一篇调查报告，并将它做成附有嵌入式视频文档（embedded video）的即时书籍（instant book）销售呢？或者，有什么能阻止兰登书屋销售一本附带访谈视频的书，而且这些访谈每隔一段时间就更新内容？在不需要纸张或光盘的前提下，生产与营销成本将会下降。每一样事物都将变成可以为顾客量身打造的内容，可以组合、切片、切丁、煮烂过滤制浆，也可以重新分配无数次。

这样的聚类（Convergence）已经出现在了很多媒体上。CNN 曾经是个 24 小时运作的新闻媒体，其报道只能在电视上看到，而《纽约时报》和《华尔街日报》原本也只是报纸，但在今日的互联网上，它们的相似度令人惊讶。CNN 的网站有撰稿人和编辑，有静态照片、包罗万象的文本、交互图形，当然也有传统的视频。《纽约时报》与《华尔街日报》除了传统的文字叙述外，还提供嵌入式视频文档、交互图形、现场直播的访问，以及动态影像。在网络上，电视与报纸间的界线愈来愈模糊——很快，同样的状况也会发生在书籍、电影、电视节目和更多产品上。还有另一个新变化：业余内容与专业内容开始并存，在同样的载体上提供给同样广大的传媒受众。

假如这一切让你感到恶心欲吐，别担心，还有很多人与你一样。即使在最好的状况下，如同这场文字与图像的数字革命一般崭新而折磨人的转变，也会令人不安，它会撼动你的安全感、让你内心深处的焦虑浮现出来。的确，商业模式和我们的传统思考方式将会改变，但要确定并掌控变革的方向却非常困难。这么说或许能带给你稍许慰藉：印刷机、火车和电视的出现也曾引发类似的痛苦，但人类却因为有了它们而过得更好。

如果你的主要恐惧是我们从事深度思考或专注于一个主题的能力将被新信息的洪流冲走，那请放心——即使历经这场转变，长篇形式的内容也不会就此消逝。孩子们也许看起来容易分心，但他们每天打电子游戏的平均时间是三小时——在我听来，这像是长篇形式的内容。如果他们在两天内读不完一整本书，或是看不完一个完整的电视节目，那并不是因为他们无法专注，而是我们尚未将故事调整到可以吻合他们不断改变的兴趣的程度。他们是一群即食性动物（Consumnivores）——集体搜寻、获取、散播并反刍各种形式的内容：包括一口大小、点心的分量与一份正餐。

**媒体变革**
I LIVE IN THE FUTURE & HERE'S HOW IT WORKS

在这个咬一口、吃点心，或是美美地享受一顿正餐的世界里，这些即食性动物将主导故事的发展，决定他们想要多少以及形式是什么样的。如果我们希望他们获取我们的故事，我们就必须掌握一系列的技术，以便把故事讲得更动听。如果我们不这么做，他们还有很多其他选项可以选择——或者，更可能发生的是，他们将会在没有我们参与的情况下，创造出自己的下一餐。

## 生活在未来的故事

这本书并没有给出一系列可以在数字世界中带来更多收益的绝对公式。对于那些正奋力面对这项挑战（或只是想更了解它）的人来说，本书将给你一个新架构，帮助你看清这些困难，并理解在过去几年间出现的各种激进趋势。我将带领你深入即食性动物的新世界，解释浏览（navigation）、聚合（aggregation）与叙事（narrative）正在如何转变。

为了感受一下存在于今日世界中的未来，我们将坐上秋千，荡向加州的色情产业——根据历史经验，它在尝试新观念和尝试媒体的最新创新方面，一向领先传统媒体平台一步。然后，为了让你安心，并以正确方式看待今日的转变，我们将漫步历史，看看激进的新发展如何一而再，再而三地激起恐惧和动荡，直到它们向社会证明自己的巨大价值为止。我还会详细解释为什么我们也将安然度过这场剧变。

我将带领大家跃下悬崖，坠入不断流动的河流，并从我们正在改变的社群讲起。社交网络、互联网的开放性以及各种便利的新设备，并不只是一些分享相片、提供意见或浪费时间的新方法而已。当我们挣扎着理解从万维网涌来的信息、八卦和数据资料洪流时，这些发展中的网络提供了至关重要的锚，帮助我们找到自己的方向。它们帮助我们断定，哪些新闻和信息是我们可以信赖的，哪些可以置之不理。随着新社群的进化以及发展，它们也彻底改变了媒体平台吸引读者的方式、公司寻找顾客的方式，甚至是我们寻找和扶持朋友的方式。

随后我将探讨“我们的大脑无法处理如此快节奏的事物”这一观点。我的方法是，深入探究这些发展中的科技如何吸引我们大脑的注意，而我们的大脑又如何逐渐适应从四面八方涌入的大量信息。作为这番探讨的一部分，我将更细致地检视，目前故事讲述类型中较为成功的一种——电子游戏，希望能彻底解决以下问题：它们对下一代是否真的有害无益？随着即食性动物不断寻觅更动人的叙事与更有趣的经验，这个领域的研究将帮助你重新思考：面对这样的摄食者——当他在寻觅新的讲述形式和身临其境的故事讲述方式时，不仅要求更高、更难满足，也更容易分心——你应如何呈现你的故事？

接下来的章节可以用一个字概括：“我”。媒体的旧角色是担任以下两者之间的中介：一边是人，另一边是他们对于产业、政治与科学的了解。媒体的工作是为广大的传媒受众采集、挑选并组织信息。然而，即食性动物从一个不同的视角来看待新闻：新科技已经将他们每个人准确无误地安置在自己的地图上，因此，他们现在想要的新闻是高度个性化、与自身密切相关，而且对他们颇具意义的。他们敏锐地察觉到：他们和朋友不再在相同的时间观看同样的电视节目，也将不再以相同的方式阅读同样的报纸或书籍。我们要求未来的故事必须为单一的传媒受众——我，来量身打造，而且必须以一种新的形式进行。我还将带领你体验越来越激烈的辩论：关于我们同时处理多重任务（multitask）的强烈欲望。我们都知道一边开车一边发短信很危险，但下一代的思考者和消费者真的能够在闲聊、发短信的同时完成他们的工作吗？答案并非我们曾深信的那么非黑即白。

最后，我将说明获取新闻、杂志、书籍、音乐和其他媒体的整体经验是如何改变的，而那些最好的碎片信息又将如何从浩繁杂乱的信息中脱颖而出。我们正处于新旧相遇之际：卓越的故事讲述、锐利而透彻的报道，以及深思熟虑的编辑，仍然非常受欢迎——但它们必须以不同的形式呈现在你我面前，超越“仅仅是信息”的层次。那些为我们提供购买内容的人，必须同时为社群与个人创造出独特而极具意义的经验，并且接受下述事实：专业信息、非专业信息与超个性化信息绝对是可以共存的。我甚至将展望未来 10 年或更长的时间，看看今日的电子人（cyborgs）及 3D 打印机如何展示下一个 10 年我们可能置身何处，并帮助我们在越来越精彩的未来世界中航行。

谈到未来，你也许会纳闷，为什么我要撰写“一本书”这么落伍的东西来讲述这些关于未来的故事。事实上，这本书远远不止你在这里读到的文字。在网络上或在可上网的手机上，你还能开采到蕴含更多内容的宝藏。有些章节包含视频链接，让你可以目睹研究过程和新科技；其他章节将链接到其他的信息，包括研究论文、相关的新闻报道、图片与影像。此外，在现在的网络条件下，你还可以去 www.nickbilton.com 网站，通过你的社交网络或以传统的评论方式加入每一章的讨论。

诚如你将看到的，我吃我自己的狗粮。

I LIVE IN THE FUTURE & HERE'S HOW IT WORKS

# 01 兔女郎、市场与底线

## 即食性动物的新时代

嗅，我们不会等科技出现再创造内容。我们会研发出这种科技。

**奥利·约恩**
数字游乐场联合创始人

## 色情供应商，新媒体的试车手

每一秒钟都有 3 万个美国人在网络搜索引擎上打出“sex”（性）这个词，然后敲下“enter”（确认）键。在美国人中，至少有 5 000 万人做过这件事。我自己也在这件事上花过几分钟。嗯，事实上，是几小时。

不过，我有非常好的理由——我是为了研究才这么做的，真的。

我之所以进行这项研究，是因为色情产业和其他产业不同：它必须勇于尝试新的方法与新的科技，才能够至少超前几步，躲避诸多道德警察的追缉。它也必须寻找各种新鲜的方式，以满足顾客难以琢磨的兴趣——长久以来，这类顾客巴不得能离开灯光明亮的街机（arcade）[①]，转移到昏暗的电影院，再藏进电视前的私密空间，最后躲到非常私人的个人电脑前。因此，从古至今，色情产业一直是创新者——而在过去的 20 世纪，它也是率先采用影片、录影带和互联网的前锋。

所以我推断，从事色情产业的人，对于这个由新科技、社交网络、免费

① 一种投币式影片放映机，通常设置在街道旁或商场中。——译者注

和付费内容构成的持续变动的世界，应该会有一些非比寻常的宝贵洞见。为了确认这一点，我必须去一探究竟。

当然，这需要大量的研究——我得花许多时间浏览网络的阴暗面，观察最好与最差的色情网站。说实话，我是在努力搞清楚，这个产业中有谁靠着网络来赚钱，不过，这种紧张刺激的探索让我无法在本地咖啡馆、《纽约时报》办公室，或其他公共场所进行写作和研究。我的妻子丹妮尔（Danielle）也有点儿起疑——这是最保守的说法。当一丝不挂的裸体出现在我的电脑屏幕上时，她不再询问我在做什么，并容忍了（至少暂时容忍了）我这种窥探别人隐私的求知欲。

幸好她很有耐性。触及这个产业的核心花费的时间比我预期的更长一点。虽然在网络上观看裸体图片相当容易，但要找出创造这些图片的产业的真正收益却相当困难。大多数色情产业都是私人持股的公司，而且，尽管它们纵情于裸露，对自己的财务状况却讳莫如深。

勒克斯·阿尔特劳姆（Lux Alptraum）是位记者，也是“肉体机器人”网站的编辑。多亏她的协助，我才能在这个遮遮掩掩的产业中和几位不同规模的玩家联络上。阿尔特劳姆年近 30，一副古灵精怪的模样，谈起性、色情以及这两个主题不断改变、界线日益模糊的景致时总是很兴奋。与大多数报道色情产业的记者相比，她更了解这个产业，因为她在镜头的前后两面都待过。在开始撰写关于性的文章之前，她就创立并经营着一个名叫“怪女孩”的网站，那是第一个 Altporn 网站①。她解释，Altporn 是一种展示“非传统”模特儿的网络色情形式。出现在这些网站上的，都不是你会在时尚的杂志上看到的完美金发美女，而更像是你经常会在街上看见的普通人。

---

① Altporn 是 Alternative Pornography 的缩写，字面意义为“另类色情”。——译者注

随着探究继续进行，我计划前往加州，也就是电影工业与美国大部分色情产业的家乡。色情产业在“金色之州”[①]蓬勃兴盛有两个原因：首先，那里似乎“人才”众多，这是由传统电影工业所导致的。其次，在美国其他州，拍摄性爱录影带的人可能被以从事各种非法行为的罪名起诉——包括拉皮条；相较之下，加州的司法制度没那么严格。

当然，加州并非一直如此宽容。1988年，加州政府控告色情影片制作人哈罗德·弗里曼（Harold Freeman）充当皮条客，这是政府试图扫荡色情产业所做的努力之一。在“加州对弗里曼”诉讼案中，政府将录制并贩售色情内容的行为，比作妓女在街上卖淫。这桩官司缠讼多年，相继由州法庭和美国最高法庭审理，最终判决结果为：制作并贩售色情内容与贩售实际性行为并不相同。

在我着手安排采访时，一位公司女发言人问我，除了高层主管外，我还想采访谁？想不想见见所谓的“人才”——即主演影片的明星，跟她们谈一谈呢？

“也许你会想采访洁西·珍（Jesse Jane）或斯托伊（Stoya），我们甚至可以试着安排让你采访泰拉·派翠克（Tera Patrick）。[②]”女发言人提议。

噢，这个有意思，我想。我告诉她我稍后再回复她。

当晚，我们夫妻和朋友一起用餐时，我告诉丹妮尔这个诱人的提议。“你不需要跟色情电影明星见面。”她说。“这个嘛，也许我需要……因为写书的关系。”“不，你不需要。”她斩钉截铁地说。

---

① 加州别称。——译者注

② 这三位都是美国著名的色情电影明星，派翠克更是《阁楼》杂志（*Pentbouses*）2002年的年度玩伴女郎。——译者注

所谓的宽容和体谅，也不过如此。

色情，就像它的主角一般，对于实验总是跃跃欲试。

彼得·约翰逊 (Peter Johnson)

《色情驱动科技》(*Pornography Drives Technology*)

在我们望向未来之前，先窥视历史也许会有所帮助。成人内容，也就是色情，其根源可以追溯到数千年前。古希腊人在市集广场上展示近乎淫猥的雕像和画作；在庞贝（Pompeii）古城发现的历史艺术作品和雕塑中，包含了大量淫秽与阳具崇拜的画作与塑像。

在20世纪90年代中期一篇探讨互联网和审查制度的论文中，律师彼得·约翰逊提出："贯穿整个新媒体的历史——从口耳相传到活字印刷术、摄影、平装书、录影带、有线电视与付费电视、'900'高付费电话、法国的迷你电脑网（Minitel）[①]、互联网、CD-ROM光盘与激光影碟，色情产业一直在为科技指引方向。"他引述了卡米拉·帕格利亚（Camille Paglia）的话（后者自称"反女权主义者"），"伟大的艺术两侧，总有它黑暗的姊妹——亵渎与色情随行。"约翰逊继续指出："同样的情形，也发生在被我们称为媒体的世俗艺术上。"

约翰逊观察到，乔叟（Chaucer）在14世纪中叶首度面世的《坎特伯雷故事集》（*The Canterbury Tales*）中，"夹杂了大量性感与下流的"内容——而且，不仅当时的文化阅读精英趋之若鹜，它也"被大声朗读给不识字的平民百姓听"，帮助创造出了英格兰的白话文。

① 一种通过电话拨接将收费计入电话费的上网服务，20世纪80年代初期由法国电信局推出。——译者注

一旦印刷机登台亮相，《圣经》就变成了通俗读物，但它必须面对一些竞争——某些更多彩多姿的产品。意大利作家皮埃特罗·阿雷提诺（Pietro Aretino）的《十六姿势》（*Sixteen Postures*）是一系列描绘性爱姿势的版画，而16世纪弗朗索瓦·拉伯雷（Francois Rabelais）的《巨人传》（*Gargantua and Pantagruel*），则收集了一些在当时广泛流传于欧洲的描写性接触的故事与蚀刻画（etching）①。拉伯雷是著名的法国作家，他炫耀自己这些露骨地描写性爱的书两个月的销售量便超过了《圣经》数年累计的成绩——不过，由于追踪书籍销售量的资料库"图书调查"（BookScan）直到21世纪才出现，因此我们无法取得官方数字来证实拉伯雷的说法。不过，他确实为媒体从业者提供了高瞻远瞩的忠告："性"是个无往不利的卖点。

几个世纪后，早期的电影街机孕育出早期电影院的根基，最终促成电影院的诞生。一台电影街机可容纳一人观看：只要投进一枚硬币，便可观看一段女人脱衣的模糊片段。以今日的标准衡量，这些片段的尺度相当保守，而且只持续几分钟，但它们的诱人程度，足以让顾客为了看影片接下来的发展而继续投币。在顾客明白自己做了什么之前，10~12幕场景已播放完毕，他们在不知不觉中付钱看了一部短片。在旧金山，这类电影街机刚出现时，据估计带来了数百万美元的收益。

20世纪70年代，对色情的欲望扮演了一个重要角色。在它的帮助下，一场长期的科技战役结束了，这项科技催生了曾经放置在你家客厅、位于电视下方的录像机（对某些人来说，它也许依然待在那儿）。

Beta录像系统（Betamax）是由索尼公司开发的。它的竞争对手VHS录像系统则是由杰伟世公司（JVC）研发的。Beta录像系统的品质较优，但其

① 版画的一种，是用刀或化学药品在金属版面上雕刻或蚀刻后印刷出来的图画。——编者注

录影带的设计将影片长度限制在一小时内，使它们特别适合用来录制电视节目。相对地，VHS 录影带可以运转两小时，这让它们更适于录制电影。

大约 10 年的时间内，消费者卡在这两个彼此不相容的科技竞争之间。最后，虽然 Beta 录像系统相对更好，但 VHS 却赢得了这场战争，Beta 从此销声匿迹。Beta 失败的其中一个因素可以追溯到索尼公司对于成人内容所持的立场，以及它在录影带使用条件上所执行的，严格抵制色情的政策。这项政策阻止任何成人影片公司以 Beta 录像系统的格式使用或销售色情内容。成人电影的制片商没有选择，只能使用 VHS，这导致一整批早期科技采用者与色情影片消费者倾向于购买更多的 VHS 录像系统，放弃 Beta 录像系统。

色情产业也从电话中找到了收入。1982 年，美国司法部提起的一场反托拉斯诉讼导致 AT&T[①] 公司解体。此后，“贝尔大妈”（Ma Bell）[②] 分裂成好几家公司，将竞争带进电话界。色情产业发现了一个新方法，可以让谈话变得昂贵。数十年来，电话被当作朋友、亲人与商业伙伴之间进行本地与长途交谈的工具。但是，有了按分钟计费、“900” 开头的电话号码后，色情内容供应商发现人们愿意付出一定的金钱，来与某个名叫 “闪儿”、“奔驰” 或 “布鲁斯” 的对象聊任何能满足其幻想的话题。这也为其他行业铺了路：人们开始通过电话来传送星相占卜、商业与法律咨询，甚至天气预报，并借此收取费用。令人惊讶的是，这些 “付费色情” 的电话号码至今仍存在于世界各地，而且仍在欧洲与亚洲被广泛使用。虽然“付费法律咨询”的热线并未迅速流行，但电脑与服务咨询产业却利用了这种独特的商业模型。今天，你可以拨打昂贵的顾客咨询电话，找人帮你解决电脑问题。这一次，色情产业又成为带头

① AT&T 为 American Telephone & Telegraph Incorporation（美国电话电报公司）的缩写，原为电话发明者贝尔（Bell）所创。——译者注
② 美国电话电报公司之昵称。——译者注

冲锋的先驱。

接着是互联网的草创时期——当时的互联网是科学论文、留言板和色情内容的国度。率先出现在网络上的色情图像，大多是由早期网络使用者从杂志上扫描下来，发布在 Usenet[①] 的留言板上的。

随着网络读者数量逐渐增加，越来越多与“性”相关的内容出现在网络上。到了 20 世纪 90 年代中期，许多色情网站赚进了数百万美元而许多主流网站仍在试图弄清楚如何利用网络赚钱。虽然照片和影片可能得花几分钟时间才能出现在电话拨号的网络上，但色情贩子的图像与影片生意仍然蒸蒸日上。同样，在新媒体模型中带路的他们，是第一批成功通过网络订阅来收费，并在信用卡付款上使用电脑加密的人。

**媒体变革**

I LIVE IN THE FUTURE & HERE'S HOW IT WORKS

这一切都促使我认为今日的色情供应商——新媒体的试车手，也许可以为我们这些局外人提供一些意见。事实上，就内容和故事讲述而言，是否存在着一种商业模型呢？我的假设是，如果色情产业能够解决来自印刷杂志与模拟数字光盘（analog DVD）的问题和转型困境，那么理所当然，其他媒体产业也能依样画葫芦，从迫在眉睫的死亡威胁中救自己一命。毕竟，色情产业已经这么成功了许多次。或许它也已经解决了今日科技的转型问题。

① Usenet 是一种网络交流系统。——编者注

对于要冒险进入色情世界这件事，我感到非常兴奋（不，不是以那种方式）。我热切而乐观地以为，世界上众多《花花公子》（*Playboys*）和《阁楼》（*Penthouses*）们，已经想出新的商业模型，知道在这个新的数字时代，该如何为内容收费以及如何讲述故事。我以为这将是一趟不用费脑筋的轻松旅程。我将带着关乎媒体未来的秘密回到纽约，就像时空旅人带回一张即将中奖的彩票一般。

## 绝望中的传统媒体

才经过几次会面，我便明白那张彩票并不存在——或者，至少他们是这样跟我说的。尽管我对于在加州色情产业中发掘新观念备感兴奋，但我从导演和制片公司经营者那儿听到的，却大多是恐惧与绝望：色情影片的价格不断下跌，入行的门槛已消失，有一些钱流入，但传统媒体的广告和销售额却逐渐减少，而且，也没有人知道目前的生意还能再做多久。他们告诉我，这个产业正遭受着宛如寄生虫般的盗版行为和“文档分享”攻击。

> “现在生意很难做啊，”一位色情内容供应商说，“我们要对付盗版，还要对付互联网上的免费内容；互联网正在侵蚀已经存在多年的正常商业模型，比如数字光盘和杂志。”
>
> “我们努力利用任何可能的方式对抗盗版，因为它正在伤害我们。”另一位营销部门的员工说。
>
> “嗯，目前我们可以从网上销售中赚钱，但我不确定这种情况还能维持多久。”一位公司老板说。

一位成功的制片商花了20分钟抱怨色情产业的灭亡。以前，他只需要担心某个竞争对手拥有更火辣的明星、更性感的场景，或是更好的销售方式。

但现在，他所面临的竞争无处不在，庞大得让人无法应对，而且完全不可能让它停止或减速。任何年满18岁的年轻人，只要拥有一台价值300美元、具备上网功能的迷你笔记本电脑，一台网络摄影机，每月25美元的上网费，以及一个PayPal①账户，便可以现场制作裸露视频，并将其提供给任何愿意付钱购买的人。这还没把汪洋大海般的免费内容算进去呢！在这种情况下，制片商要怎么支付员工薪水、缴税、付办公室租金和其他账单？

不可思议的是，色情仍然广受欢迎——也许就和它过去一样受欢迎。根据网络流量分析公司康姆斯科（ComScore）估计，在所有互联网使用者当中，36%的人每月至少会“光临”一个成人网站。2008年，整个色情产业的年收入据估计在200亿美元左右，这个数字每年会有小幅增长。AVZ媒体网络（AVZ Media Network，一个报道色情产业的新闻群组）所搜集的数据指出，网络消费每年增长13%左右，而且在2006年总共赚进28亿美元，约占成人内容总收益的14%。该产业从其他方面获得的利润也持续大幅增加，包括按观看次数计费的有线电视、销售的性爱玩具与其他周边商品，当然还有手机移动网站（mobile website）与手机所需的装备。

然而，跟书籍、报纸、杂志、电影等传统媒体一样，大胸脯与性感姿势的传统供应商正在逐渐缩减，因为他们最好的顾客已转往别处。成人杂志的销售量每年平均下滑5%，录影带每年的销售和出租量下跌了惊人的15.4%。走进美国任意一家成人录影带店，你将看到本应以50美元出售的数字光盘，被打折到只要5~10美元。

这个产业罕见的公开上市公司、偶像般的花花公子集团也在逐渐崩溃。2004—2007年，《花花公子》的年收益大约在3.3~3.4亿美元之间，公司不

① 全球领先的在线支付平台，备受追捧的国际贸易支付工具。——译者注

是小赚，就是基本上维持收支平衡。但在2009年，收益滑落至2.4亿美元，仅仅两年就跌了1亿美元（接近30%）——因为在一场科技转移与经济衰退中，它的电视节目、录影带和出版物的销售成绩剧降，损失在5千万美元以上。该公司的股票价格在21世纪初超过每股25美元，到了2010年年初则跌到不到5美元。它的前景也同样令人沮丧：2009年年末，公司宣布2010年将少印一期杂志。

一位《花花公子》的资深经理透露，公司已陷入官僚体系和组织架构的泥沼，并曾试图通过集思广益的方式进行革新。会议中，经理们谈论的并不是“如何能为接下来的情况做好准备”，反而执迷于“如何继续促使民众购买我们的数字光盘和杂志”。

这家公司究竟走投无路到了何种程度？为了摆脱收入日益缩减的窘境，它开始复制自己的商标，嗯，像是兔女郎。《华尔街日报》报道，伴随着各种令人困惑，而且看起来像孤注一掷的授权动作，《花花公子》已经“放它的兔女郎满街跑”了。比如，它“正将它著名的商标随意贴在某种防晒喷雾、一次性打火机、床垫、沙发以及一系列以促进性欲为目的的饮料上”。这么多怪异的东西都以兔女郎为标志，这让许多死忠收藏者都不再对它感兴趣了。

访谈与研究发现，世界上众多《花花公子》与《阁楼》杂志们似乎相信，其衰退只不过是一场经济风暴，一旦风平浪静，它们便能够重整河山、恢复正常。但结果将证明，这种想法不仅太过乐观，也将导致其灭亡。

如果这听起来很耳熟，那是因为许多其他产业，如报纸、书籍、音乐及电影也都觉得自己是被非常相似的问题打得落花流水的。依赖广告宣传的传统产品，或是在柜台销售的产品，依旧付出广告费和租金继续维持营运，它们想不出有什么方法能取代这种方式，以及如何取代。因此可以理解，与其直接屈从于某些顾客对于新方式的要求，它们宁愿紧紧握住尽可能多的收益，并试图说服顾客，在它们实验新科技、审视产业现状的同时，继续接受它们可触摸的商品。

处处弥漫着绝望的气氛，连色情产业也不例外。谈到科技，我通常是个乐观的强硬派，但在连续一星期听着“天将塌下来”之后，我必须承认，我对未来也不太有信心。

在走访加州各色情片厂的旅程中，基于整个星期所听到的忧患和磨难，我对媒体未来的乐观愿景似乎黯淡了许多。一而再，再而三地，我听到充满绝望与挫败的故事。我看到猖獗的盗版行为，以及人们在卧室里用便宜的网络摄影机所制造出来的免费内容。我听说人们不再想要数字光盘或杂志——这一点也不奇怪。不仅如此，他们也不愿意为网络上的内容付出同样的价钱。

我也开始相信这种绝望——也许天已经塌下来了。倘若连已历经数百年考验的色情产业都一筹莫展，那么报纸、杂志、电影院，以及其他每个以销售内容维生的人也许都该放弃抵抗、承认失败。那个星期剩余的时间也不好过。坐在返回纽约的飞机上翻阅访谈笔记时，我开始从稍微不同的角度看事情。

**媒体变革**

I LIVE IN THE FUTURE & HERE'S HOW IT WORKS

从一叠访谈记录中——对象包括不同规模、以“分众”（niches）或主流市场为目标的各种公司，我逐渐看到其他东西。是的，对于内容创造与消费的新时代，色情产业的确没有给出一个“啊哈！就是这样！”的答案，但就

媒体变革
I LIVE IN THE FUTURE & HERE'S HOW IT WORKS

整体而言，它有数不清的答案。传统公司正在崩溃，一个新的产业正通过各种方式从这片废墟中建立起来。整体来看，这些经验也许有助于解释未来的内容传播途径将是什么样的，并教导我们如何适应。

## 打造值得付钱的产品

过去50年来，《花花公子》的兔女郎大多是金发碧眼，平均年龄21.7岁，身高168厘米，体重约52公斤。也许她曾是另一个时代所有男人的梦想，但如今已不再是了。

乔·梅森（Jo Mason）曾经是中学校长。她身材高挑，充满自信，讲话时态度沉稳且善解人意，会让你想起某位富有爱心又宽容、什么事都可以跟她谈的阿姨。她看起来就像那种不会评断你，而且说到做到的人。

她之所以会待在色情产业中，纯粹是出于偶然。多年前，一位经营色情网站的朋友需要人帮忙进行一项计划，乔答应暂时助其一臂之力。于是，她便利用空暇时间经营成人网站，而白天仍从事管束青少年的工作。终于，关于她夜间兼差的闲话流传了起来，她必须做出选择。她选择了色情产业。

“我在这两个行业中使用的技巧完全相同，”梅森说，“两者间有一种自然的连续性与连接关系，而且，从管理中学生到管理年轻的未来色情明星，并没有多大的转变。”

梅森经营几个小型色情网站，她将那些规模庞大的成人内容公司比拟为通用汽车（Genenral Motors）与克莱斯勒（Chrysler）等在近几年陷入破产诉讼程序的传统车厂。那些汽车公司拒绝革新，即便在油价高涨、顾客强烈要求提高燃油效率，生产混合动力汽车时，它们仍拒绝放弃生产大型的越野车。传统成人产品公司继续推行杂志和录影带，而梅森和其他小型网站的经营者却为顾客提供“分众”内容。例如，她有个名叫“小笨蛋”的网站，上面的主角都是默默无闻的20多岁新进模特儿。虽然在网络上可以找到免费的类似内容，但梅森试图发布灯光与质感较佳的优质画面——换句话说，就是专业制作的色情内容，但带有业余色彩的吸引力。

也许对某些男人来说，金发碧眼的大胸美女仍然是理想的选择；不过，购买成人内容的顾客正表示他们想要更加个性化、吻合其特定品味的体验。不需要昂贵设备或分销协议的互联网就可提供这种服务。顾客感兴趣的可能是非裔、拉丁美洲、亚裔、穿着条纹长袜、年长、臀部较大、胸部较小的女人，或是某些怪异的组合。没有承诺问题的互联网，将可以满足这一切需求。**对今日的消费者来说，一个全球性的品牌是不够的。如果顾客想要粗糙而真实的内容，互联网就应该为他们提供粗糙而真实的内容。**

结果证明，顾客也会为这种服务付费。

I LIVE IN THE FUTURE
& HERE'S HOW IT WORKS

**未来探测**

哈佛大学商学院的教授本杰明·艾德曼（Benjamin Edelman）曾经研究顾客如何决定自己愿意付钱给哪个成人网站。

在图1—1中你可以看到，人们愿意为色情内容付出的费用的限度相当严格。顾客愿意每月花费5~25美元订阅某个成人网站。可是，一旦每月的订阅价格超过30美元，顾客付费的意愿便会急转直下。

换句话说，即便眼前有免费的内容可看，消费者仍然愿意为自己想在网络上观赏的特定色情内容付费，不过，他们愿意支付的金额仍有上限。

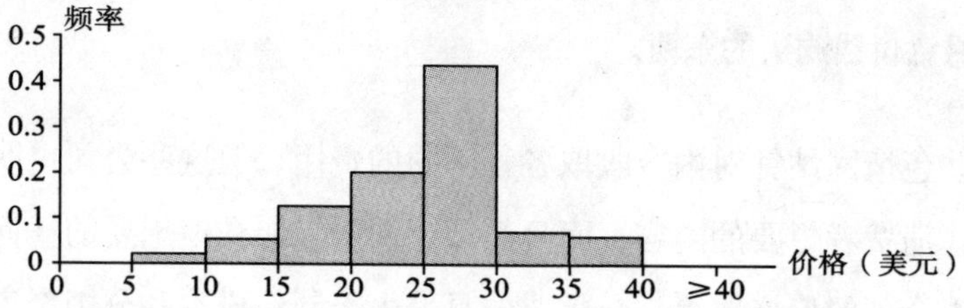


**图 1—1　订阅价格（一个月的订阅价格，以美元计）**

不过，即使订阅价格如此低廉，网站仍能赚钱，因为它们最初创业的开销低，员工又少。

艾德曼的研究也预示，随着消费者逐渐放弃录影带、数字光盘与杂志等产品，转而选择手机与电脑上的数字体验，公司将面临收入减少的境况。艾德曼引述《成人影带新闻》（*AVN*）的产业统计，说明2005—2006 年，录影带的销售与出租量下跌了 15%。相对地，同时也是意料中的是，各种形式的数字产品的销量都在增长。互联网的销售量在同一时期增加了 13.6%；虽然与其他销售渠道相比，“移动色情”（mobile porn）的规模尚小，但它保持了 11.4% 的持续增长率。虽然艾德曼的研究引述的是 2006 年的财务数据，但这些数字至今仍沿着同样的轨道继续发展。

正如这些数字所代表的那样，人们不仅愿意为数字媒体付费，也愿意为特殊的设计形式掏钱。一位视频网站的老板解释，在过去，他只有两种展示成人影片的选择：VHS 录影带与数字光盘。但现在他愿意以各式各样的形式供应产品——无论是一口大小，点心的分量，或是一分正餐，而使用者

“可以选择自己想要以何种方式观赏它”。因此,如果有人想在手机上看30秒钟的片段，他也会卖给这个消费者——就像数十年前的街机老板销售短片一样。消费者想要正片长度的高画质数字光盘吗？尽管开口吧！他很乐意提供任何消费者愿意付钱购买的东西。

这些色情网站针对内容收取各种不同的费用。但这些公司也明白，它们必须制作消费者想要的内容，而且必须让消费者能在他想要的任何时间、任何地方以合理的价格取得。最重要的是，由于制作成本和分销渠道不再构成入行的门槛，倘若这些公司不这么做，别人也能这么做，并且也将会这么做。

为了创造收益，规模较小的网站意识到，广告收入可能足以支付账单、维持营运，但这些广告必须与它们的传媒受众息息相关。因此，如果消费者看到一则与自己即将观看的短片内容相近且相关的广告，他们很可能会点进那则广告的链接。但如果消费者正在看色情影片，而广告推销的却是汽车，这则广告的点击率应该就不会很高。

迎合消费者的特定偏好也有助于对抗网络上免费供应或窃取资源的风潮——这场瘟疫正给新闻和主流娱乐企业造成莫大的忧虑与挫折感。数字偷窃行为可以追溯到成人内容刚出现在网络上的时候，但过去几年越发猖獗。举例来说，网络上出现了一批色情版的YouTube网站——在那里，任何人都可以上传与下载内容，以色情视频分享网站的名义张贴剽窃来的，或使用者提供的内容。就像美国广播公司（ABC）、哥伦比亚广播公司（CBS）和维亚康姆集团（Viacom）必须解决其内容被观看者发布到YouTube和其他网络视频站点上的问题，同样，色情产业也要应对这种非法的内容分享。

“肉体机器人”的编辑阿尔特劳姆说，虽然某些视频网站试图迫使那些色情网站关闭，但其他色情供应商却采取了不同的做法。与其砸下数万美元的法律费用（许多规模较小的网站付不起这笔钱），去试图关闭这些网站，还不如奉行一句俗语：“无力胜之则从之。”

制作人开始将自己录制的预告片上传到免费的视频网站。他们希望创造一些观赏经验，以便将使用者从某个色情网站引到自己的网站，在那里，更多的内容以及相关的广告或销售优惠正等着他。于是，他们采取两种做法。

第一个做法是分享尚未制成数字光盘的新原创内容——这类内容还不能被非法复制与发布。就像麦当劳在快乐儿童餐里附送玩具一样：归根结底，消费者并不确定玩具或食物是不是免费的——但那并不重要，只要麦当劳做成一笔生意就好。

第二个做法牵涉到提高赌注。如果有人将某个影片的非法版本上传到色情网站，某些内容的拥有者会将自己的版本以更优质的短片形式（只是稍微长一点）上传，同时内嵌各种链接与广告，以将观赏者带回自己的网站首页。这种做法在许多案例中都奏效了。如果你今天到某个色情网站去，看到色情影片制作者上传的优质影片与看起来较陈旧而粗糙的剽窃内容并列，你会点击哪一个？

结束加州之旅后，我回去找阿尔特劳姆分享我的发现。她邀请我到她的办公室，给我看她最近对读者所做的一项民意调查的结果。

阿尔特劳姆担任编辑的“肉体机器人”，隶属于一家颇具规模的大公司，名叫“高客传媒”（Gawker Media）。高客传媒是好几个知名博客的母公司，创始人尼克·丹顿（Nick Denton）原本是记者，后来成为企业家，在2002年以一个名叫“Gizmodo”的科技博客为起点创立了这家公司。当时，“博客”还是非常“内行的科技词汇”（insider-technology term）。但是现在人人都有博客，连白宫也不例外。《纽约时报》有好几个博客——而我就在为其中一个效命！但在2002年，博客数量稀少，而且被认为是一种网络日志，而非某种可独立发展的事业。当我问丹顿他创立这个网站的理由时，他的回答十分合乎逻辑。

“有一天，我在读《连线》杂志，”他说道，“然后我想，为什么这份刊物每月只发行一次？为什么它不能随时出刊——也许每小时或每几分钟就刊登新的内容？”如今，“Gizmodo”是互联网上最大的科技博客之一，每月的浏览次数超过1.5亿。“Gizmodo”获得成功后，丹顿决定扩大规模。他根据“Gizmodo”的概念推出更多博客,包括著名的八卦博客“高客网”（Gawker），以及其他各式各样的网站。通过与色情产业类似的方式，丹顿知道顾客想要分众化的产品。综合起来，“高客传媒”下属的网站每月会吸引近4亿的浏览次数，而且全都是免费的，因此能够将分众广告传送给特定的传媒受众。丹顿之所以能如此迅速地发展网站，并且几乎立刻就获得利润，部分原因是他不必与实体业务的力量抗衡。他不用处理印刷机或销售的问题。相反，博客的写手按其文章点击率赚取薪资，他们可以在任何地方工作——大多数人在家工作，包括阿尔特劳姆在内的几位编辑，则在纽约市的办公室工作。

“高客传媒”的办公室位于一栋老旧的服装大厦里，坐落于纽约市的NoHo[①]区。这些办公室占据了整个楼层，有着深红色的砖墙与摇摇晃晃的木制地板。办公室的布置让我联想到有长通道的超级市场。只不过，通道两旁并不是陈列于柜架上的乳制品和谷物早餐，而是多产的年轻博主，他们坐在一排排书桌前，对着电脑屏幕不断打字，端出分量十足的内容。

接待员告诉我阿尔特劳姆位于办公室另一端的书桌。我走向她，经过每

① NoHo是net office home office的简称，即“网络办公”。

个博主的书桌时，瞥见电脑屏幕上展示着不同的分众主题。有一个人正为了汽车博客“Jalopnik”看增强了马力的卡车的图片；另一个人则把玩着一些小机件，大概是为了撰写科技博客“Gizmodo”；下一张书桌上，有一个人正在剪辑某电子游戏的图像，也许他是游戏博客“Kotaku”的写手。最后，我走到阿尔特劳姆的书桌，在那里，正如你想象的，她的屏幕上满是裸体图片。

阿尔特劳姆完全没试图去掩藏屏幕上的内容，她抬起头对我说：“嗨，尼克！真高兴见到你！再等我一会儿。我们才拿到这段新的名人性爱视频，我想把它放到网站上。”我看着她在网络上的浏览器窗口之间跳来跳去，很快就发布了那段视频。

她做完后，我问她，像这样整天在上班时间看色情画面是否曾让她觉得不舒服？“不会，”她回答，“这是我的工作，而且，我甚至不再把它视为色情。我把它想成为传媒受众提供的内容。”

“我的屏幕上确实充满了阴茎和乳房，”她继续说道，“但那并不表示我的工作与坐在那边写电子游戏或小机件的家伙有什么不同。这只不过是人们感兴趣的分众内容罢了。”

她告诉我一项她不久前才要求读者在“肉体机器人”博客上填写的民意调查：“值得付钱的色情：什么能让你打开皮夹？”读者分成两个阵营。有些人说他们很愿意为网络色情付钱，但仍嫌价格太高。“我拒绝为任何色情DVD付出15美元以上的金额。”一位读者写道。另一个人说：“上星期，我本来打算购买我的第一张色情DVD，但看到价钱就笑了出来，决定还是去下载吧！”

但大多数的读者说，他们愿意为品质或讲述的故事付钱。一位读者写道：“比起其他产品，我倾向于付钱购买制作优良、有‘情节主导’的长片。”另一位读者写道：“我全心全意拥护分众内容，我愿意为它们付钱。”还有一位说：“对我来说，精心制作的色情长片要好看得多，甚至值得花钱购买。”一位很有信心的读者写道：“我很乐意付费给一个充满精彩内容的优质网站。我正认真考虑订阅一个网站。”

即使在下流肮脏的淫秽世界，品质仍然很重要。“我们可以看到，多年来，人们在网络上为了优质的分众内容与互动付费。这些数据的确存在。”阿尔特劳姆说，“只要价格适当，内容拍摄符合专业水准，并可提供各种格式的产品，人们就会付钱。”**换句话说，即使有免费的选项摆在眼前，人们仍然会为了包装精良的产品付费。**

尽管如此，阿尔特劳姆也警告说，情况并不总是这样。“有些例子里，人们乐意接受一段拍得实在很差的免费性爱影片——有时候，那影片甚至是用摇晃且分辨率很低的手机拍下的。”她说，“但对大多数人来说，即便是色情内容，也值得为品质付钱。”不过，她严肃地补上一句：“只要价钱适当。”

然而，曾经试图收取高额费用的色情公司，却已看到自己的内容被剽窃，并在网络上被四处分享。“适当的价格、品质、分众性，以及即时性，”阿尔特劳姆重申，“是人们愿意付钱换取的服务。”

## 专业与业余并肩而坐

在我游历色情产业的旅程中，一个显而易见的事实是：**规模较小、刚起步的公司勇于创新，挑战媒体的极限。他们倾听顾客的心声，创造出顾客愿**

**意付钱购买的内容，并将它传送到顾客希望的设备上。**

有些色情公司意识到，今日的顾客也是即食性动物——无论以哪种形式出现，我们全都是即食性动物，尤其是下一个时代的人。我们不断切割内容、挑拣出最好的片段、再将它传递下去。以前，我母亲曾做过类似的事，但规模要小得多。她会拿起一把剪刀，从当地报纸上剪下有趣的文章，或是从杂志上剪下她想要尝试的食谱。如今的人们抱着同样的心态生存着：只是剪刀已经被鼠标和互联网链接所取代。相对于我母亲曾经从报纸上剪下完整的文章而言，今日的做法是将文字、图片、报道与视频片段切片、切丁。传媒受众不一定需要付钱给别人来为自己做这项工作。

但我还发现另一种会让下一代消费者为网络付费的事物：更好的体验——通常来自讲述得更精彩的故事。

有时候，讲述故事需要借助人际关系的形式——这并不是指性关系，而是指销售者与消费者建立联系、创造新社群的方式。

早在 Twitter、Facebook 和 Friendster 等社交网站出现前，大约超过 10 年的时间里，某些色情产业的玩家致力于发展他们自己的社交媒体版本。他们并非真的知道自己在做什么，他们做的事情也没有被贴上任何标签。他们只是意识到与传媒受众建立关联和发展社群的重要性而已。

20 世纪 90 年代晚期，当分众色情网站雨后春笋般地在网络上出现时，有些成人影片的男女演员开始上自家网站的留言板或在网络上与付钱观赏其内容的顾客闲聊。有时候，他们会描述某个自己即将拍摄的场景，甚至分享他们当天晚上打算做的事。他们试着与顾客进行一对一的交谈，并在这一过程中建立起联系——那是目前许多人通过 Twitter 与 Facebook 等社交网站试图建立的东西。在草创时期，他们便明白交谈的重要性。

结果证明，这种做法发挥了一点扭转形势的效果。正如我稍后将讨论的，人们剽窃内容的原因有许多。然而，**网络的一个主要问题是缺乏人性化。人们遗忘了下述事实：在他们所获取的数字信息的另一边还有另一个人。**那些复制色情数字光盘，并将它们上传到色情网站的人，并没有考虑到某个人可能要靠那个内容维生。但是，上传影片的人中的99%都绝不会走进某家成人录影带店，偷取真正的数字光盘。

通过进入这些讨论区，与能够接触到自己表演内容的人们分享个人故事，色情明星在其数字图像上添加了人性与社群的成分——这在网络上是很难完成的任务，但主流出版商正通过社交网络慢慢引进这种做法。访客一旦在色情网站上与工作者交谈，他们中的大多数便不能再心安理得地偷取并分享这些努力谋生者的作品。他们看待后者的角度完全不同了。

**媒体变革**
I LIVE IN THE FUTURE & HERE'S HOW IT WORKS

个人的故事增添了一个维度，但屏幕或纸页上的精彩故事讲述总是会脱颖而出。是的，色情产业确实将面对来自某些人的竞争——他们在卧室里的网络摄像机前表演，或使用连接到网络的手机。主流媒体也将承受同样的命运。有什么能阻止某人因为觉得有趣，而在博客写一篇关于重大新闻事件的文章？有什么能阻止某人评论一家他所喜爱的餐厅？没有！正如发生在色情产业的情况那样，下一代的内容与媒体将以同样的方式存在：专业与业余并肩而坐。虽然较优质的内容与较精彩的故事总会赢过业余作品，但它们显然将在未来比邻共存——就像目前网络上的色情内容一样。

但是，色情产业告诉我们，人们愿意为优质的故事讲述技巧付钱。奥利·约恩比色情产业中的大多数同行更了解这点。约恩在1993年（早在互联网成为生活必需品之前）进入色情世界，开始制作成人激光光盘。他与朋友共同创立的公司叫“数字游乐场”（Digital Playground），声称占有40%的成人影片市场，为旅馆、有线电视和按次付费的电视频道提供色情电影。约恩说，成人电影并不只是在销售性爱，它们也注重故事讲述和整体体验。该公司依旧雇用大牌色情明星，并将卖座的大片改编成狡黠性感的模仿影片——如恶搞《加勒比海盗》（*Pirates of the Caribbean*）的《加勒比女海盗》（*Pirates*），借以打下部分江山。《加勒比女海盗》耗资数百万美元，这部电影是在船上拍摄的，属于限制级（R）影片，并在录影带销售上赚进数百万美元。《加勒比女海盗2》（*Pirates II*）目前正在筹划中。

“数字游乐场”的品牌标语是“值得付钱购买的色情”。我问约恩如何区分他的作品与某个裸体人物的快速剪辑。他这样解释：

> 试想你正在欣赏一部电影，其中有一幕紧张刺激的汽车追逐场景。如果那是十分精彩的追逐，有警车和警笛，那么影片的品质就不太重要，因为单单内容本身就够戏剧化了。现在，假设你知道这场追逐的背景故事，那是生死攸关的关头，某个人中了枪——也许他们刚刚抢了银行，或者其中一辆警车也遭窃了。这将更加扣人心弦。这个故事再加上更高层次的品质与互动，就有了人们愿意付钱购买的体验。就色情而言，观众的心态也是如此。

我访问约恩那天，他正运用一种让动作看起来像三维空间影像的新科技为一个虚构的性爱派对拍摄一幕场景。他使用的设备容许12台摄影机从不同角度同时录影，如此一来，他便能制作出这样一部影片：观赏者可以在房间里望向任何方向，从多角度观看场景，感觉自己几乎成为其中的一部分，就像打一场很棒的电子游戏。

结束访谈时，我问约恩他的产业前景如何。他说，目前可用的科技尚不足以做到他想做的事。但他相信，下一代的色情与故事讲述将是超个性化的，几乎可以将你直接放在场景中。那将让你能够控制你所看到的内容——就像站在全息体验舱（holdeck, 一个运用全息影片来模拟真实情况的房间）里一样。

这个产业要等多久这种科技才会出现，才能让他能开始创造这样的内容？

“噢，我们不会等”，他很快地回答，“我们会研发出这种科技。”

看来，色情产业仍就是领路先锋。

I LIVE IN THE FUTURE & HERE'S HOW IT WORKS

# 02 抄写的僧侣与漫画书

## 让人备受惊吓的新科技

通过将音乐与牧师带进每一幢房屋，电话将使音乐厅和教堂变得空空荡荡……

《电话》，《纽约时报》，1876年3月22日

## 新科技带来不确定的未来

很久很久以来，世界一直在走向地狱。所以，如果你因为现今新社交媒体的惊人发展而感到不安，如果你害怕人类沟通的方式将快速改变——并非朝好的方向，那你的恐惧是可以理解的。新科技一再被视为骇人的、颇具威胁性的、必将走向灭亡的。

未知的事物令人不寒而栗。我们深知，世界即将在进步的名义下被搞砸，而这一认知有时相当正确。人们经常觉得新的发展似乎蓄势待发，准备破坏原本好端端的生活方式。在各种不同时期，它们显得十分危险（甚至会威胁到生命安全），注定要摧毁我们的个人关系，毒害我们的文化、语言，或是基本礼仪。

但我们仍在这里。尽管《纽约时报》束手无策，我们仍然会去听音乐会，也会去听演讲——即使就享受音乐和演讲而言，我们可以在超薄的 iPod 上轻易获得较便宜的选项。

对 1876 年的报纸来说，这种可能性似乎令人难以置信——当时，它正探讨罗伊斯（Reuss）教授的研究所能造成的冲击。“一位杰出的德国电报机操作者最近有项新发明，无疑会引起音乐家甚至一般民众的极大兴趣，"报上说，"这项名为'电话'的新发明的目的在于，通过普通的电报线将声音从一处传到另一处，它可以传送瓦格纳风格的交响乐团的轰鸣，或是女性演讲者的轻柔话语。"这似乎是个好东西，而且肯定很方便。但这项发明也有其阴暗面：

> 如果坐在书房里就能通过电话聆听音乐学院演出的歌剧，人们就不会想去第十四街，在一栋闷热且拥挤的建筑里度过一个夜晚。……到城里度周末的农村客人如果在旅馆办公室读到一张印刷告示，大意是"11点时，您可在电话间聆听打马字①的布道……"，这位访客当然会放弃他原本冒险前往布鲁克林区的打算。……于是，通过将音乐与牧师带进每一幢房屋，电话将使音乐厅和教堂变得空空荡荡。……要指出这位公认的才华横溢、看起来充满善意的发明者可能另怀邪恶的目的，并不令人愉快。尽管如此，基于爱国的考虑，为了让国人能成功地庆祝即将到来的新世纪，我们必须警告费城博览会负责人：电话可能真的是美利坚合众国的敌人发明的设备。

但是，在罗伊斯（他的名字其实应该拼成 Reis）有机会破坏当时人们所了解的社会之前，亚历山大·格雷厄姆·贝尔（Alexander Graham Bell）版的电话就出现了——一百多年来，它不仅让我们与亲友保持联系，也让我们能从千里外进行商业交易。虽然《纽约时报》指出，电话能将别人的声音带进家里，但作者担忧的却是不确定的未来——而他确信电话将消除人们离家的需要。显然，这些可能性让人备受惊吓，但没过多久，另一项科技的丑陋头角又冒了出来。

才过了一年半，《纽约时报》便因为留声机而更感沮丧。留声机可以将

① Talmage，美国基督教归正会牧师。

那些珍贵的声音与文字保存好几年，甚至好几十年。“演讲者将不再要求听众到礼堂来见他，而是将演讲装进容量为946毫升的瓶子销售，每瓶50美分；政治家也不用在讲台上声嘶力竭地发表政见，他将把自己最好的演讲一瓶一瓶地放进每位选民手中。”该报于1877年11月这样写道。

但真正的危险，即对社会来说最严重的威胁，还埋伏在前头。该报警告：“我们有充分的理由相信，倘若留声机真的具有其发明者所声称的功能，那么书籍的制作与阅读都将被淘汰。如果演讲可以装瓶，我们为什么还要把它印刷出来呢？如果某个技巧娴熟的朗诵者只需在留声机前大声诵读乔治·艾略特（George Eliot）[①]的某一本小说，我们就能毫不费力地聆听，那大家何必学习阅读呢？

“未来的小男孩有福了。他将永远不必学习字母，也不用努力对付拼写课本……”

**媒体变革**

I LIVE IN THE FUTURE & HERE'S HOW IT WORKS

对新事物的恐惧，以及对未知的恐惧，都是常见的折磨。在最糟糕的状况下，它们可能会妨碍或阻止改革创新。不过，这种科技臆想症（technology hypochondria）通常会让大多数人紧张不安，致使社会分裂成两类人——其中一类带着新经验往前冲，害怕自己可能错过什么；另一类则因为惊恐而感到迷惘与落伍。

在如此严重的焦虑下，要跳上移动的火车（这是极为贴切的形容）非常困难，甚至根本不可能。即使是铁路运输的到来，也伴随着一列满载恐

① 19世纪时与狄更斯和萨克雷齐名的小说家。——编者注

惧的列车，使得有些人紧紧抓住他们的马不放。若干历史学者指出，铁路为所有社会阶层带来令人难以置信的焦虑。举例来说，根据一本历史著作叙述，19 世纪铁路开始在大英帝国运行时，激起了“非比寻常的偏执妄想”（extraordinary paranoia）：“据说火车冒出的烟会使农作物枯萎；其噪音会惊吓牲畜；人们如果搭乘速度超过每小时 30 千米的火车将会窒息；而且，每年会有数百人死在它飞速旋转的车轮下，或死于火灾与锅炉爆炸。许多人认为铁路会对社会秩序构成威胁，因为它允许低下阶层的民众自由旅行，从而降低了道德标准，进而消除了传统的社群联系。”

I LIVE IN THE FUTURE
& HERE'S HOW IT WORKS

**未来探测**

没错，真的有人提出：如果人类以超过每小时 30 千米的速度旅行，将会窒息。还有更糟的，哈佛大学科学史系主任安妮·哈林顿（Anne Harrington）发现，当时的科学家也相信，以某种速度旅行“确实可能让你的骨头散掉”。

在读过无数 19 世纪中叶的文章、论文和讨论记录后，哈林顿发现神经科专家与精神病学家，包括极受尊崇的科学家和医师，都支持这些理论。最后，这些症状都有了属于它们自己的诊断结果。19 世纪的公民身受“铁路恐惧症”（railway phobia）与“铁路脊椎异常”（rail spine）等疾患之苦——后者因为火车突然停止所致，会造成病人日益衰弱。这种痛苦不能被等闲视之。1867 年，费城一位备受尊敬的外科教授约翰·埃里克·埃里克森（John Eric Erichsen）针对这一主题撰写了许多著作，其中一本的书名是《论铁路与其他神经系统的损伤》（*On Railway and Other Injuries of the Nervous System*）。

在正常的发展过程中，对新事物的恐惧会随着时间的流逝而转化为对未知后果的恐惧。“当铁路日益普遍，成为大家公认的经济与社会必需品，并且被证明能够安全可靠地运行时，较极端的恐惧确实在逐渐消退。然而在表面的接纳之下，依然存在着深刻的不安。”铁路历史继续诉说着：“铁路所引发的恐惧与焦虑并未完全消失，反而随着 19 世纪的发展而改变了性质，变成一种内在的恐惧，而非外部崩溃的恐惧。”

“这种改变的原因，在于铁路作为一种现代性象征的独特影响力。就其设计制造之规模与精细、其操作之井然有序与复杂，以及其技术所具有的速度与力量而言，铁路体现了机械化、组织化与工业化发展的一切力量，而这些力量正是现代文明的基础。”就像今日的许多工艺一样，它真正的长期影响是很难估量的。

## 从 122 本到 700 万本

恐惧当然是很好的新闻标题。但是，对创新感到恐惧与焦虑也会使我们无法看到新观念的更大潜能。人性总是倾向于相信：我们现在所知道与经历的一切，就是，也应该永远是未来运作的方式。

因此，在担心电话与留声机将取代音乐会与阅读时，当时的批评者完全无法察觉这些装置将把音乐与观念带给较广大的传媒受众的可能性。大多数人无法预见留声机，接下来是录音带，再之后是数字下载的音乐，将打造出如此庞大的粉丝群，以至于有一天，会有 10 万人聚集在足球场上，聆听现场演出的音乐会。

印刷机也曾遇到同样狭隘的思考方式。1452年，当约翰内斯·古腾堡（Johannes Gutenberg）使用其革命性的发明出版《古腾堡圣经》时，其成就并未造成太大轰动。在那以前，书籍一直都是由僧侣辛苦地手抄而成。每个字母都是被繁复而华丽地描画出来的；每个词都经过精心安排、仔细考虑，然后才被辛苦地誊写抄录。制作书籍被视为一种艺术形式——事实上，它被称为“黑色艺术”（black art，这个行业之所以得到如此不吉祥的名称，是因为在整天摹写字体之后，工作者的双手总是沾满黑墨水）。这些书籍的读者，绝大多数都是学者与宗教界精英。

如果经由时光旅行回到1424年并进入英国剑桥大学，你会发现一座欧洲最大的图书馆。在那里，你可以看见一份了不起的书目，列有122本书。这些书脆弱、庞大而美丽。由于书籍都是手工制作的，所以必须再过50年，图书馆的收藏才能达到更令人赞叹的330本（今天，剑桥大学拥有700多万本书籍）。

然后，突如其来地，僧侣们原本必须花费数月，甚至数年才能制造出的作品，在几小时内便完成了。当印刷机的传闻逐渐散布到欧洲各地时，僧侣们开始对这项新技术感到好奇，但看不出有什么理由需要为此担忧。在他们看来，如此朴素的复制品，完全无法与他们精致的手工作品媲美。此外，大多数平民百姓都不识字，因此这项新技术基本上是在与世隔绝的环境中接受测试的。15世纪的欧洲，大多数人对书籍不感兴趣，也不会关心一架印刷机能做些什么。所以，即使印刷机开始对制书业产生影响，许多人仍觉得这项新技术不值一提。那些手工抄写书籍的人们，只把印刷产品当成次品——直到它在很大程度上接手了他们的产业。

有些政客与神职人员鄙视这项创新之举。正如伊丽莎白·爱森斯坦

（Elizabeth Eisentein）在《作为变革动因的印刷机》（*The Printing Press as an Agent of Change*）中记载的，印刷机是文艺复兴、宗教改革与科学革命的基础，这些社会运动将有关物理学、解剖学和其他各种科学的新观点传播到了各地。那些颇具影响力的观念促使社会离开中世纪，步入现代科学，并取代了教会所提供的观念。印刷机让资讯得以传播，摆脱了神职人员、国王、政客或宗教精英的掌控。

尽管如此，书籍要进化成某种可以轻易分享的事物，尚须一段时间。早期由僧侣手工制作的书籍体积庞大，而且非常沉重，有时超过20公斤，宽度与高度与今日的一整份报纸相当，完全无法随身携带。如果你想要读一本书，就得到某个地方去读它。你肯定不会带着它走。

当古腾堡与合作者研发印刷机时，其目的并不在革新书籍的尺寸或形状，而是要改进制作书籍的速度。举例来说，《古腾堡圣经》包含两册，共计1 286页。它非常重，以至于人们必须站在读经台上才能阅读它。

根据书籍史学家阿里斯泰尔·麦克利里（Alistair McCleery）的研究，直到1502年，威尼斯的阿杜思·曼尼修斯（Aldus Manutius）才制作出体积较小、比较方便随身携带的书本，“这些书不需要读经台或阅读架，也不会让读者因为捧书而手臂酸疼”。可以说，曼尼修斯发明了他那个时代的手机。他想出这个主意：制作较小、可移动的书籍，让人们能够带到任何地方阅读——那是第一批放得进大外套口袋的口袋书。

一旦印刷机展现其改变权力结构的能耐，对于大量生产的新奇的印刷机械的恐惧便开始增长。麦克利里说，政治与宗教领袖大为恐慌，因为各式各样的新观念无须他们的帮助或允许，就能被民众分享。一位威尼斯法官谴责这种改变，声称："笔有如处女，印刷机则是娼妓。"

虽然就法官而言，这种说法太香艳了一点，但弥漫在社会中的各种恐惧却是可理解的。过去，为了分享想法、意见和观念——即使只在有限的范围内，你也需要一支笔和书写的能力。当社会上出现印刷机，个人可以引起好几万识字者的注意时，情况便迅速改变了。过去，精英阶层（神职人员与贵族）只要控制住笔就能控制谈话。

相较于此，印刷机是不能被控制的——正如今日的互联网不能被控制一样。

这种科技臆想症之所以出现，部分是由于我们对新事物的恐惧，而在某些案例里，它仍然普遍存在于政府与公民自由的权力斗争中。2010年年初，当一群电脑黑客设法入侵某国的谷歌电脑服务器，并窃取使用者资料时，这种臆想症便清晰可见。根据所获得的情报，谷歌相信这些黑客与政府当局有所牵连，他们试图取得在其境内非法撰写博客的博主的个人信息。该国当局所关注的不仅是互联网与科技，还有这两者所创造的事物：无限制信息的传播渠道所具有的力量。

## 电视会腐蚀你的大脑？

当某种新发展刚开始蔚然成风时，我们很少会对未来有清晰的展望，也不了解它会产生什么作用。我们并不确知该如何将创新融入现有的习惯与规范中，也担心接纳新事物会影响我们固有的做事方式。只有在过了一段时间后，当我们想出运用新科技的最佳方式时，这种紧张、恐惧与焦虑才会消逝。

举例来说，人们曾经预期电视将对印刷品甚至艺术作品造成毁灭性的影响。1929年，《华盛顿邮报》（*Washington Post*）上的一篇报道称，各界召开会议讨论“当电视更充分地发展后，戏院的观众是否会大量流失”的问题。

即使在这些科技终于突破障碍、广受欢迎之后，我们仍不确定该如何处置它们。20世纪20年代中期创作出的第一批电视节目，基本上是用一台摄影机拍摄的广播节目。最初，它们只在少数几个经过挑选的幸运家庭中播出，这些家庭配备有新奇时髦的电视机，能够显示模糊的黑白影像。逐渐地，节目创作者开始采用三机作业，但并未运用任何戏剧化的录像剪接或特殊效果。摄影机是固定不动的，观众看到的通常只是一位坐在书桌后面吞云吐雾的广播主持人，他念着一则报道，仿佛正在广播节目上谈话似的。

早期的报纸把电视描述成“有图像的收音机”，初期的电视影集则被称为“广播剧集”。有些节目由15分钟长的片段构成，中间没有任何剪辑，也不转换场景。尽管如此，电视仍然令人迷醉。人们不需要复杂花哨的剪辑来让大脑保持忙碌。只是影像会移动的事实便足以让一股能量在他们脑中持续快速地奔流。

经过好几十年，电视这种媒体才逐渐扩展，最后加上了戏剧、喜剧、内容更详尽的新闻以及较为复杂的摄影技术——尽管做起来并不简单。当快节奏的多重摄影机在屏幕上创造出不同的视像时，旧有的恐惧又抬头了。从电视刚问世直到MTV的快节奏剪辑出现期间，数以百计的论文和文章都强调并突显了家长、政客与神职人员的恐惧：电视将腐蚀并摧毁社会。学者与社论撰稿者确信它会戕害年轻人、鼓动暴力与性剥削，并使我们的大脑变成一团糨糊。他们认为，身为人类，我们的生理构造本来就不适合以这种方式获取信息。

尽管如此，电视还是轻易地逃离了惩罚——也许是因为各年龄层的人都喜欢它。虽然它引发了不少的焦虑和关注，但它所遭受的抵制，远比不上由恐惧所驱动的、向漫画书发射的硫磺烈火。

## 漫画会戕害年轻人？

虽然漫画风格的插图可以追溯到一千多年前，但其真正开始成形并成为大众媒体，是在 20 世纪 20 年代到 30 年代的美国。漫画书在那段时间里之所以能快速成长，是因为它们的创造者决定把关注点放在儿童身上，而不只是成人身上，并且找到一群能够欣赏荒唐傻气的幽默与插图的观众。结果，数百种新的漫画书在 20 世纪 30 年代晚期诞生，其中包括蝙蝠侠与超人等现代超级英雄。另一个文类，即“令人作呕的漫画”（gross-out comics），也同时崭露头角，其内容性质较不成熟，通常以犯罪，尤其是谋杀为中心。

这些具有攻击性的故事引来家长与从政者的关切，他们渐渐深信漫画书将戕害年轻人，并驱使后者犯下可怕的罪刑——就像我们现在听到的有关电子游戏的论证一般。

1954 年 4 月，美国国会开始举办一系列关于指控漫画产业鼓励并煽动少年犯罪的听证会。这些在纽约市举行的听证会由纽约市共和党参议员罗伯特·亨得里克森（Robert Hendrickson）主持，他同时也是参议院少年犯罪小组委员会的主席。另一位来自田纳西州、之前曾调查过组织型犯罪的民主党参议员埃斯蒂斯·基福弗（Estes Kefauver）也在听证会中扮演了重要角色。

在《10 分钱瘟疫》（*The Ten-Cent Plague*）这本书中，戴维·哈杰杜（David Hajdu）写道：这些经过电视转播并被广为宣传的听证会，结果基本上在其实际开始进行前便已决定。被请来作证的“专家们”，绝大多数都确信漫画产业正在戕害年轻人。听证会的第一天，以研究罪犯与性犯罪者闻名的精神病学家弗雷德里克·魏特汉（Fredric Wertham）作证说，他“敢肯定，也完全确信，在许多少年犯罪案例中，漫画书都是重要的促成因素”。魏特汉甚至称《超人》（*Superman*）与《泰山》（*Tarzan*）等漫画是施虐狂与受虐狂的表现。然后他更进一步说：“与漫画产业相比，希特勒只不过是小巫见大巫。”

听证会结束后，至少有12个州制定了反漫画书的新法令，并且监督漫画书的烧毁过程。国会敦促漫画产业自律，由于压力庞大，漫画产业成立了新的监督小组——“美国漫画杂志协会”（Comics Magazines Association of America）。监督小组提出一套严格的规则，即《编辑准则》（*Code for Editorial Matter*），与这套规范对比，我们今日所看到的任何电子游戏警告事项都显得温和无比。为了保护未来的儿童，规则包括下列内容：

> 警察、法官、政府官员以及受尊崇的机构绝不可以被以不当的方式呈现，致使读者对当局失去敬意。
>
> 罪犯不可被描绘成富有魅力的人物。……无论在任何情况下，正义一定要战胜邪恶，罪犯必须为其罪行受到惩罚。
>
> 禁止使用亵渎、淫秽、下流、粗俗的言语或是含有不良意义的文字或象征。
>
> 所有角色都应穿着社会可接受的服装。
>
> 绝不允许对任何宗教或种族团体进行讥嘲或攻击。
>
> 任何漫画杂志都不可在其标题上使用“恐怖”（horror）或“惊悚”（terror）等字眼。

对于爱情故事的描写，必须强调家庭价值与婚姻的神圣。

下述所有场景，包括恐怖惊悚、过度流血、残暴或阴森的罪刑、堕落、淫欲、虐待狂、被虐狂，一律禁止出现。

一切俗艳、丑陋、恐怖的插图都应消除。

换句话说，“鬼马小精灵”（Casper the Friendly）之类的标题是没问题的，但身穿系颈带露背装的“贝蒂小姐”（Betty Boop），或是任何含有犯罪或僵尸内容的，就过不了关了。

那是否有什么真实的证据证明漫画造成了青少年犯罪？没有。但对于“某种与众不同的事物”的恐惧与焦虑，便足以让一项方兴未艾的产业为行为不检的儿童背负罪责——结果发现，早在漫画书被发明之前，这种孩子就已经存在很久了。

## 当网络可以随身携带

追溯人们对于电脑力量爆发与互联网扩展的反应，有点像在回放科技臆想症的精选集。短短数十年间，我们看到所有熟悉的恐惧与怀疑再度兴起——从怀疑电脑可能带来任何的裨益，到相信这项科技将伤害或摧毁我们的孩子。

20 世纪 70 年代，当电脑体积越来越小、性能越来越强、终端机开始出现在工作者的书桌上时，许多专家仍未能预见即将到来的革命。

肯尼斯·H.奥尔森（Kenneth H. Olsen）是麻省理工学院训练出的电脑工程师，他于 1957 年创立迪吉多电脑公司（Digital Equipment Coorporation），并协助打造出一些成功的早期迷你电脑（minicomputer）——这些电脑允许个别工作者使用链接到中型电脑的终端机，借以利用其计算能力。在草创初期，奥尔森说：“我们认为即使是儿童也能理解电脑。我们认为电脑很好玩，而且认为它们能改变世界。但是，我们完全没想到它们真的改变了世界。”

然而，即使是这位先锋与创新者，对于此趋势能发展到什么程度，也持怀疑的态度。他在 1976 年告诉《金融界》杂志（*Financial World*）（第一台苹果电脑于同年上市），他其实并不认为电脑应该在家中占有一席之地：“虽然对聪明的小孩来说，电脑可能很棒，也具有教育性，但我认为我们家中已有太多自动化设备。”他说，“总的来说，我们的生活应该要简单一点才是。”结果并不令人意外，迪吉多几乎错失了在个人电脑风潮中获利的机会。

互联网的潜能也引发了类似的反应。起初，它只是一种让学校师生与科学家分享信息的方式，而且当时的互联网缓慢又笨重。但是，即使当它开始吸引来各式各样的使用者时，仍有一些人就像早先的僧侣瞧不起印刷机一样，轻忽其用处。

在《新闻周刊》（*Newsweek*）1995 年的一篇经典文章里，天文学家兼作家克利夫·斯托尔（Clifford Stoll）对“网络世界似乎拥有一切如梦似幻的可能性”这一观点浇下一盆冷水：“高瞻远瞩的梦想家所看见的未来，有借助电脑远距离办公的工作者、互动式图书馆和多媒体教室。他们谈到电子镇民大会和虚拟社区。商业交易从办公室与商场转移到网络与调制解调器。”

对于这番描述，斯托尔只有一句回应：“胡说八道。”

他讥讽道，网络上的所有声音只会制造出一堆噪声。至于上网阅读或学习，那更是荒谬可笑。麻省理工学院媒体实验室主任尼古拉斯·尼葛洛庞帝（Nicholas Negroponte）预测：“很快，我们便会直接通过互联网购买书籍和报纸。呃，最好是这样！”他写道。

才不过15年前，他便无法预见我们将如何在网络上购买机票、向餐厅订位，或是为商品议价。而且他还加上一句：“谁会选择网络性爱而不要真实体验？”

究竟是谁？

斯托尔确信，对于交易、沟通与教育来说，人际接触是必要的。但如今，他看起来就跟那些预测电话和留声机将消灭艺术与人际互动的作者一样落伍。

他所忽略的，也是许多人无法理解的是要精准预见新科技最终将带来的变革有多么困难。就像印刷机一样，电脑与互联网所造成的最大转变，发生在当人们能够随身携带网络，而不用到某处去使用它时。

正如口袋书将阅读带进更多读者的生活一样，黑莓手机也将电子邮件带进能够轻易放进人们口袋的小装置，这使它成为日常生活中不可或缺的一部分。随着笔记本电脑的销售增长率超过台式电脑，便携式机器变得越来越便宜、轻巧，网络也呈指数级增长。目前有将近20亿使用者的互联网发展迅速，它在25年前只吸引到1 650万名使用者。同样，1998年，当手机开始变小、降价时，世界上使用中的手机只有400万部左右。到了2008年，当手机比一包口香糖大不了多少时，其使用数量为38亿，换句话说，全球每100个人中，就有将近70部使用中的手机。2009年，该数字已达到46亿。

上述装置无所不在，已经引发了新一轮的恐惧：人们纷纷断言，电脑和互联网伤害了儿童和成年人，应该为许多社会疾病负责。举例来说，在上一个10年的大部分时间里，有些教师和忧心忡忡的家长认为无线互联网（Internet WiFi）有碍健康，他们甚至把电子设备与无线通信所发出的电磁辐射称为“电子烟雾”（electrosmog）。2008年，有些学校和办公室禁止一切形式的无线网络——即使并无证据显示无线网络会导致任何健康问题。在加拿大，实施禁令的湖首大学（Lakehead University）宣称无线通信可能“使学生长期暴露”于电磁波下，并断言无线网络的风险与二手烟不相上下。然而研究证明，电视、微波炉和收音机等较老旧的科技所发射出的电磁波比无线集线器还要强。

也有人关心电脑在人体工学方面的影响，并对谷歌的入侵感到惊恐，且担心对电脑上瘾的下一代儿童将无法在社会中扮演好适当的角色。

大量涌现的书籍宣称，电脑、互联网和屏幕将把社会带向灭亡，并使年轻人堕落到只能观赏MTV和看图画书的地步。20世纪90年代中期，在《古腾堡挽歌：阅读在电子时代的命运》（*The Gutenberg Elegies: The Fate of Reading in an Electronic Age*）中，斯文·伯克兹（Sven Birkerts）质疑，数字时代是否将制造出文盲儿童——他们没有能力阅读长篇文学作品，只能被动地观看屏幕上的影像。

玛吉·杰克逊（Maggie Jackson）在《分心：对注意力的侵蚀和即将到来的黑暗时代》（*Distracted: The Erosion of Attention and the Coming Dark Age*）中宣称，多重任务处理（mulfitasking）对社会伤害至深，可能会使我们退回黑暗时代，彼此间无法互动，也没有能力体验有意义的亲密关系。

在《对抗机器：在电子暴民的时代保持人性》（*Against the Machine: Being Human in the Age of Electronic Mob*）中，文化评论家李·西格尔（Lee Siegel）认为，

大量使用互联网的人将过着科技孤寂的生活，这种生活如此荒凉乏味，人性与个人特质都可能消散于虚无之中。

有个名为“童年联盟”（Alliamce for Childhood）的团体，其成员都是备受敬重的精神病学家与研究儿童发育的教授，他们定期发表报告，断言电脑正在摧残我们的孩子。这个团体声称：“电子娱乐的诱惑导致人们很少从事主动积极的游戏与工作，也很少学习必须亲自动手的技术，”而且，就科技与儿童而言，这“通常是得不偿失的”。一份由该团体撰写的，标题为《愚人的黄金：对于电脑在童年之批判性检视》（*Fool's Gold*：*A Critical look at computers in children*）的早期报告在结论中说道：“电脑对儿童的健康造成了严重威胁，包括各种重复性肌骨劳损创伤（repetitive strain injuries）、眼睛疲劳、肥胖、社会孤立，以及某些儿童身体、情绪或智力发育上的长期损伤。”

大家现在应该都很清楚，这些忧虑在所难免。平心而论，有时它们确实合情合理：印刷机的确从神职人员与专制君主手中抢走了权力；互联网的确将发言权赋予了范围更广的人们，包括疯子与讨厌鬼。审视这些转变的利害得失，是完全正常，大概也很健康的做法。但是，我们也将回顾发生在上个时代的许多辩论，之后便会明白这些恐惧有很多都被夸大，而且也许有点荒谬。

## 碎片文化无法取代长篇形式

当我们采用一种新的做事方式时，必须放弃自己习惯且感到自在的老方式，这种转变通常伴随着它特有的焦虑。

近几年来，愈来愈多的信息似乎一点一点、源源不绝地流入世界——诸如出现在手机上的短信、来自朋友的“推文”与状态更新，以及滑过电视屏幕与谷歌首页的标题。截至2010年年初，每天有5 000万则推文经由社交网站Twitter传递。在那里，人们每次可推送140个字以内的信息给“粉丝”（follower）。在一星期内，朋友间分享影片、故事和网址短链接（shortened links）的次数远超7亿次。大量的碎片信息，加上从无数不同方向涌来的大量信息，引发了另一种忧虑：长篇内容——受过教育的社会（educated society）的点心与正餐到底会不会消逝，而留下一个只有一口大小的碎片文化呢？

不，绝对不会。

正如我们所见，自有历史以来，当新的沟通形式诞生时，人们总是倾向于渲染原有沟通形式的死亡。

没错，形式简短的内容显然数不胜数，但让我们实际一点：这并不是人类第一次通过少数几个字来传达想法。报纸上的标题向来都没有什么冗词赘语，若将广播与电视故事写出来，总是出人意料地简短。而且坦白地说，你最后一次因书本中的目录已满足你对知识的渴求继而抛下它是什么时候？

也许你不再像以前那样阅读许多书，或观看许多长达一小时的电视节目，因为你都在做其他事，如打游戏、在电脑上观看数字光盘或下载的内容。

鉴于出现了数不清的叫嚣与抗议，我们必须从不同的视角来看历史。其实在我们的客厅连屏幕都没有的时候，这种忧虑就已经抬头了。20世纪20年代有段时间，文化评论者担心美国人会失去“吞下”一部思虑缜密的长篇小说，甚至一篇内容详尽的杂志文章的能力。而罪魁祸首是：《读者文摘》（*Reader's Digest*）。

## 风格比形式更重要

2009年，我在美国好几场研讨会上发表演说，题目是《新闻的未来》（*The Future of News*）。演讲通常持续20分钟，内容涵盖发生在《纽约时报》内的大部分创新工作，以及新闻界的其他科技革新。我试图向前来参加研讨会的人士担保，长篇形式的新闻也许将不同于它今日的模样，但它会完好无缺地存活到未来。

无一例外，每场演说结束时，总会有人引述Twitter或其他短小精悍的技术，作为长篇形式死期将至之征兆。在波士顿的一场活动中，一位与会者宣称："有朝一日，不会再有任何长篇形式的书籍或新闻报道——每种读物的长度都将与《读者文摘》的文章一样。"

我用畅销书排行榜上调查性新闻书籍的数目，以及《纽约时报》网站上长篇文章的高点击率来反驳他的说法。但他的问题却促使我思考：《读者文摘》真的会成为未来的典范吗？这个问题将我带到德威特·华莱士（DeWitt Wallace）面前。

20世纪初，年轻的华莱士因为在第一次世界大战中受伤而于法国的医院中疗养，有四个多月无法离开病床。他无事可做，只能阅读来自美国的一沓沓杂志。住院岁月接近尾声时，他正确地推断出大多数人都太过忙碌，没时间读完每月刊出的所有精彩内容。他想出一个解决办法：可以将最好的文章浓缩成短篇，一起重印在一本特别的"读者文摘"里。

回到美国后，华莱士拟出一份杂志经营计划，打算把精选自美国各杂志的最佳文章浓缩起来出版。当时声名显赫的出版社与企业大亨都看不上他的主意，认为它“太狭隘”，银行也拒绝资助，并断言《读者文摘》不可能赢得30万以上的读者。

但华莱士充满信心与热情，不轻言放弃。他找到一个事业伙伴，也是他后来的妻子，并在1922年2月将杂志交付印刷。第一期《读者文摘》有31篇文章，读者每天可以读一篇。这些文章全都由华莱士挑选、编辑，浓缩成1~2页的篇幅，汇集成口袋大小的读本。

到了1929年，《读者文摘》的发行量已经稳定增长至20万本。这个数字还在继续暴增，到1935年时直逼150万本，5年中增加了7倍。华莱士是否发现了某种神奇的成分？社会大众是否断定浓缩的内容，即精华的阅读，就是未来的趋势？

并不完全如此。

诚然，这些文章篇幅短，且以较大字体印刷在较小页面上，因此读起来感觉很容易。但文章的长度并非其吸引力所在。詹姆斯·普莱斯特·伍德（James Playsted Wood）撰述《读者文摘》的历史时指出，“最重要的是这本杂志强调积极乐观的取向，将负面内容缩减至最少，并且尽可能地点燃希望”。人们并不是为了简短的故事而购买华莱士的杂志，他们想要一份同质性高、在宗教与政治上持保守立场的杂志。而那正是他们得到的——诸如《女人的任何新尝试都是错的》、《人们嘲笑的对象》、《这样的舞台是否太过粗俗》之类的文章。

《读者文摘》也因其文章长度而受到批评——当时有位书评家指出，有些“浓缩”版的故事，其实比刊登在原杂志上的文章还长。批评者也相信，这些文章之所以被挑选出来，并不是基于其文学或新闻价值，而是根据其简朴性质，及其观点是否与华莱士的保守倾向一致。

到了20世纪30年代，《读者文摘》惹恼了某些杂志，它们威胁要抵制华莱士浓缩其文章。它们相信，《读者文摘》不只是它们所刊登的内容的精华版而已，它还改写了那些不符合华莱士看法的作品。

为了回应这一威胁，德威特·华莱士决定雇用写作团队来创造自家的文章——但这一做法却以不同寻常的方式逐步展开。起先，华莱士雇用了几位写手，让他们为杂志撰写原创的文章。但他很快就发现，这么做是在改变自家出版物的性质。因此，他开始将长篇文章"植入"其他出版物中——付钱给其他杂志来刊登他旗下作家的作品。然后，《读者文摘》便能节录那些被植入的文章。华莱士逐渐了解，自己所提供的是"第一人称的编辑"（first-person editing），也就是为了满足特定读者的需求而摘取并润饰的文章，就像当今的内容爆炸容许你打造出自己的个性化新闻短片一样。

1945年，《纽约客》杂志分5期连载一系列报道，调查《读者文摘》特异的"植入"做法，并指出在6年当中，这份杂志刊登了720篇取自其他出版物的精华版，其中316篇是完全为《读者文摘》而写，同时也坦承自己这样做了的文章，除此之外，还有682篇以特定方式撰写以便让《读者文摘》节录的文章。换句话说，有将近1 000篇文章是在华莱士的指示下撰写并投稿的。《纽约客》发现，超过60家出版商接受华莱士付费刊登文章，好让它们能被重组于《读者文摘》中。后来又发现，20世纪40年代到50年代，每5篇《读者文摘》的文章中，有3篇是华莱士委托撰写并亲自编辑的原创内容。

媒体变革
I LIVE IN THE FUTURE & HERE'S HOW IT WORKS

下述事实虽然在60年前不见得明显，现在却十分清晰：这本杂志广受欢迎，这反映出它的题材很重要。读者并不是为了短篇文章而抛弃了长篇文章，吸引他们的是华莱士的风格：乐天、充满信心、政治保守的文章，妥帖地包装在一本口袋书里。简言之，就像色情电影一样，《读者文摘》的魅力在于整体的体验。

即使是现在，采用“一口大小”形式的《读者文摘》仍有800万左右的发行量。相对地，提供正餐的《纽约客》只有100万。

## 拒绝错过任何事物

过去那个时代的恐惧——担心美国人将抛弃长篇小说和深思熟虑的杂志文章，转向《读者文摘》精简的餐点，还带给我们另一项教训：在急忙采纳新观念与新变革的过程中，有时会冲过头。驱使我们前进的力量与其说是发现的喜悦，倒不如说是喋喋不休的恐惧——担心我们可能会错过某样重要的事物。

1938年，颇具影响力的散文作家E. B. 怀特（E.B.White）在《纽约客》上发表了一篇妙趣横生的讽刺文章，生动地描绘了这种典型的人性反应。怀特讲述了一个虚构的故事：读者们下定决心要跟上数量暴增的杂志与报纸，以至于他们听起来就像在上班途中发送电子邮件和短信的当代人一样。他们“早晨刮胡子的时候、等火车的时候、搭火车的时候都在阅读……电车司机一边控制开关一边阅读；跑腿的男孩从第39街和麦迪逊大道交口走到第 25 街与百老汇大道交口的途中也在阅读”。

“《读者文摘》提供了另一个选择，”怀特写道，“于是其他出版社也开始摘录、汇编文章，希望能获得原创者的成就。到了 1939 年，美国总计有 173 种文摘，或称短篇集，但就算一个人只读精选材料的摘录，且持续不断地阅读，还是赶不上出版的进度。”怀特继续开玩笑说：“显然，必须有某种比文摘更浓缩的形式出现，以提高阅读效率。”

“它果然出现了——某人想出摘录文摘的主意。他拿出一个小巧的出版物，《精要》（*Pith*），就跟拇指一样大。”

然而，这还不足以解决问题。于是，“《精髓》（*Distillate*）出现了，这种超级文摘将一部海明威的长篇小说浓缩成一个字‘砰！’并且将一篇讨论不守规矩的儿童的管教问题的长篇文章缩减成两个字‘打他’”。

最后，怀特说道，一位研究生想出如何将所有内容浓缩成一个包含 6 个字母的字：“任何在其方案实行的第一天写下的内容，都被归结成‘Irtnog’这个字。第二天，每一种内容都被简化为‘Efsitz’。人们接受这些数学精选法，而且非常奇怪，或者一点也不奇怪，他们感到彻底满足——这不禁让人相信，读者真正渴求的与其说是书籍、杂志和报纸的内容，还不如说是他们没有错过任何事物的保证。”①

真的没有错过任何事物？说到底，文摘所利用的便是这种新旧之间无可避免的张力：你若不赶上潮流，事情便严重了，你或将成为圈外人，或将被

① 20 世纪 20 年代世人对于印刷品激增的现象怀有一种读不完的焦虑，因此出现了文摘之类的刊物。即便如此，作家仍然遥遥领先于读者。1960 年，史蒂文斯科技研究所的研究生亚伯·夏皮罗（Abe Shapiro）异想天开地用复杂的数学公式来萃取当日文摘出刊的文字，结果第一天他的公式将一切浓缩成 Irtnog 这六个字母，第二天则是 Efsitz。有趣的是，这个“每日一词”大获好评。——译者注

弃之不顾。琳达·斯通（Linda Stone）是一位杰出的技术专家，在苹果电脑与微软公司担任了将近20年的主管，她在今天看见了同样的忧虑。当你不受控制地不断检查电子邮件、跑去查看邮箱或是打开Facebook时，她认为，你不只是执迷或试图逃避工作，你已经屈服于某种更深层的东西。斯通称之为“持续性的局部注意力”（continous partial attention）：需要知道接下来将发生什么事，“努力地不错过任何事物”。

Facebook便遇到了这种状况。它本来是设计给学生用的一种服务，但在最近几年加入了好几百万生怕自己错过一场科技盛事的中年使用者。当Twitter出现时，同样的恐惧促使另外数百万人纵身跃入，到处发送140字的推文，内容包罗万象，尽管许多人并不确知自己为什么要这么做。这些是否将成为持久而有意义的创举，抑或只是昙花一现的潮流，现在还不清楚。不过，鉴于类似的事例，我很想预测下一桩大事将会是我们自己创造的语言，我们自己的Irtnog和Efsitz。

话说回来，我发现，我们连这种语言也已经有了。

## 短消息，一种新语言

我在报纸和研究报告上一遍又一遍读到，也在电视、研讨会及晚餐桌上一次又一次听到，我们的语言正在退化。人们宣称，儿童不再使用恰当的英语，他们只能以支离破碎、缩写式的言语沟通。有些人相信，当下一代成员必须与那些能够写“正确”英语的人共事或竞争时，前者必将处于劣势。

在网络上快速搜索一番，即可召唤出数千篇讨论英语之死的文章。举例来说，

2008年，英国《卫报》抱怨人们过度使用惊叹号和“搞笑语”（LoLspeak）①。《卫报》认为，其后果是人们终将“在电子邮件中通篇使用这些东西，像两台传真机般沟通，而使文字被淘汰”。

科技杂志《连线》在2005年提醒读者注意一系列针对这些缩略字的使用所做的研究。它指出，“传统的语言学家担心，互联网会损害我们正确表达意见的能力”。虽然《连线》杂志对未来的观感并不像大多数人那样负面，但它很清楚地强调了关于语言之未来的问题。

隐藏在这些担忧背后的是一种奇怪的假设：语言是固定不变的，而这些时髦的缩略字，其唯一来源是互联网时代“一口大小”的沟通形式、社交网络、电子游戏以及iPhone不离手的生活习惯。然而，缩略字并非数字时代的产物。自从……嗯，自从语言存在以来，缩略字、缩写与简写便已经是语言的一部分了。

有些指称可以追溯到好几百年前，例如B.C.指“公元前”，A.D.指“公元”。医疗和军事专业人士特别爱用缩略字，他们带给我们HIV（人体免疫缺陷病毒）、IQ（智商）、DNA（基因）、Humvee（悍马）、SWAT（特种部队）和POW（战俘）。当然，缩略字也会由科技带到我们面前，诸如“radar”（雷达），以及VHS（家用录像系统）和hi-fi（高保真音响设备）等——这些全都是较长字串的浓缩版。

还有许多我们现在认为正确的日常用词，过去都是冗长的单词。通用字“pub”（酒馆）源自“public house”；“bus”（公车）曾经是“omnibus”；“scuba diving”（潜水）来自一长串专有名词“self-contained underwater breathing

① 一种幽默、古怪、文法经常不正确的英文口语，多半伴随着猫咪的图像出现。——译者注

apparatus”，很显然，缩略的版本说起来更顺口，尤其是在水下。

如果这些都是旧闻，那么 OMG（天啊），为何还有这么多人在缩略字的最新化身中，为 gr8（好棒）、LOL（大声笑）和 IMHO（依敝人拙见）担忧呢？

其中一个原因可能是，这些改变发生的速度超乎寻常地快。但另一个原因可能是，这种新的沟通方式与我们过去所知的任何事物都完全不同。

大多数语言学家都认同语言有两种用处。一是书写：以书面形式记载历史、分享观念或记录事件。书写的主要功能在于记录更复杂的故事及其细节，这远远超过列购物清单和发短信。

相对地，我们主要为了交谈或交换信息而说话。几万年前，人类便开始在洞穴中与彼此交谈。科技其实并未改变这种使用语言的方式，电话也没改变它，交谈依旧必须通过言语来进行。

但如今，通过即时通信、手机短信以及瞬间传送的电子邮件，互联网已经摧毁了言语与书写之间的分界。社会作为一个整体将书写融入对话之中，运用文字进行即时交谈，还是有史以来的第一次。这相当于创造了一种新语言。

新的缩略字帮助我们消除书写文字和口述文字之间的差距。举例来说，如果你在线上跟朋友聊天，她告诉你一个笑话，你得让她知道你听懂了它的笑点。为了解决这个问题，人们开始使用“LOL”这个缩略字，来表示自己正在“大声笑”。

有时你聊到一半必须暂时离开电脑，但另一端的人不会明白你为何陷入沉默。不知从什么时候起，某个人会在对话窗敲下“BRB”，告知对方自己

“马上回来”（be right back）。少了这种礼貌的解释，屏幕会莫名其妙地安静下来，对方也会觉得自己被忽略。

虽然许多缩略字并未从朋友之间个性化的调笑打趣，晋级为广泛传播的通用语，但有相当多的新缩略字和语言调整案例，不断通过我们的数字渠道转化、融合。有些流行起来，成为约定俗成的标准用语，例如 LOL 和 BRB，有些则逐渐消萎，或局限在小团体中。以 ASL 这个缩略字为例，在网络草创时期，这几个字母被用来询问位于即时通信客户端的某人的“年龄、性别和位置”（Age，Sex，and Location）。但如今，大多数社交网络都会要求人们挑选一个形象图片，因此，只要瞥一眼对方的照片，便可以得到这个问题的答案。

大卫 · 克里斯特尔（David Crystal）是一位钻研新“语感”，即“网络用语”的语言学家与作家。他并不相信以 R 代替“are”之类的缩写形式，或是以“:-/”表示“无动于衷”的象征符号，正在导致语言退化。相反，他认为它们只是目前的技术限制所造成的现象，而且是暂时的。“这种作法的主要目的，是顺应一种空间有限的特定科技，一旦空间上的限制解除了，缩略字便不再具有存在价值。”他写道。

《牛津英语辞典》（*Oxford English Dictionary*）的北美区特约编辑杰西 · 薛洛尔（Jesse Sheidlower）也认为，新词不过是语言在社会中的自然发展。这些语言调整的例子随时都在发生，他在访谈中告诉我：“人们总会在词汇使用上有所差异。每个时代都会创造他们为各种不同场合构想并使用的文字。有些文字将留存下来，有些则将消失，但这只是语言的自然发展罢了。”薛洛尔以“OK”为例，今天它可以被用在各式各样的情境中，虽然有无数理论解释它的起源，但有些人相信它代表了“ol korrect”，后者在今天的意思是“all correct”（完全正确）。

薛洛尔不认为缩略字或新词改变了人们目前的交谈形式，他说：“严格说来，我不认为这将影响我们的语言，但它确实提供了一个不同的沟通方式，而且整体来说，我认为我们拥有的沟通方式越多越好。”

他解释说，这些改变总是先发生在社会底层，然后逐渐往上扩展，而不是由上而下。当他为《牛津英语辞典》添加新词时，这个新词是来自口述与书写沟通中的日常用语，而不是来自围桌而坐的学者们。以“crunk”（旷克乐曲）这个词为例，它最近才被加进《牛津英语辞典》，意思是“某种形式的嘻哈或饶舌音乐，其特征为重复叫喊流行的口号，以及电子舞蹈音乐的典型元素，如突出的低音”。从它的意义很容易看出，这个词不是由象牙塔中的学究发明的，而是从社会底层、从当今的俗话俚语中冒出来的。

连“谷歌”这个动词——意思是“在全球资讯网上运用谷歌搜寻引擎获取关于（某人／事／物）的信息”，也在2006年成为《韦氏大辞典》（*Merriam-Webster Dictionary*）中的一个词条。这件事的发生并不是因为搜索巨擘请求让自己成为新词，而是因为这个词被使用得如此频繁，以至于它实际上变成了英语的一部分。①

研究显示，即便在年轻人开发他们自己的文字时，他们仍然知道如何与不同的对象交谈。在一项最近的研究中，科罗拉多大学（University of Colorado）的学生在即时通信软件上先是与朋友闲聊，然后再与学校的图书馆员聊天。毫不意外，虽然所有交谈都是在即时通信上进行，比起跟其他学

① “谷歌”成为动词的同一年，“biodiesel”（生物柴油）、“spyware”（间谍软件）、“hacktivism”（系统入侵）、“uninstall”（卸载）、“texting”（发短信）和“ringtone”（手机铃声）也都被加进《韦氏大辞典》或《牛津英语辞典》中。

生和朋友交谈，学生与图书馆员的交谈比较正式。

与其感慨年轻人在手机、电子邮件和即时通信软件上使用缩略字，这个世界还不如承认：这些孩子正在协助发展一种新形态的文化交流。这些位居语言食物链底层的喜欢“一口大小”的消费者，正在协助创造一种本地方言，而这种方言可以被整个社群——包括遍及所有年龄层的短信和电子邮件使用者、通过视频聊天的人以及微信使用者（micromessagers）平等而公平地分享。

**媒体变革**

I LIVE IN THE FUTURE & HERE'S HOW IT WORKS

你可以为将成为明日历史的今日所发生的转变而悲叹，说服自己相信各种负面论断，拒绝成为一个持续改变的文化的一部分。或者，你也可以甩掉自己的科技臆想症，拥抱并接受将继续发生的积极变革，因为它之前已发生过很多次。今天的年轻人正在打造一种新语言，而不是在破坏旧语言。正如你很快便将看到的，像这些新词一样，各种发展正在协助创造重要且颇具意义的新社群和新人际关系，而那是我们不断转变的文化与无线未来（wireless future）不可或缺的一部分。

I LIVE IN THE FUTURE & HERE'S HOW IT WORKS

# 03 你的认知路线图

## 锚定社群与内容过滤器

我竟然有个“分身”，他也住在布鲁克林区!

## 虚拟的网络，真实的友谊

我从来没见过我的朋友萨姆·H，也不知道他长什么样子，就算共处一室恐怕也认不出来。不过，我可以向你担保，真的有萨姆·H这个人。事实上，我还把他当成是好朋友，虽然我连他姓什么都不知道。

我们的相遇可以说是机缘巧合。身为电脑小工具和游戏爱好者，又有一部智能手机，我喜欢玩一个名为“Foursquare”的线上游戏。这款游戏的玩法是每次外出时，不论是去商店、饭店还是公园，都标记我的位置。以前玩的Foursquare游戏，要有四个孩子和一颗球，以及有四个方格的庭院——通常是用粉笔画在操场或住宅区街上的。这个游戏的线上版也是互动的，尽管需要网络连接，但可以让很多玩家一起玩——远远超过四个。它结合了定位游戏和儿时游戏中“我的朋友在哪里”的趣味。

Foursquare游戏的线上互动版是2009年由丹尼斯·克劳利（Dennis Crowley）和纳文·塞尔瓦杜莱（Naveen Selvadurai）这两位纽约的电脑程序设计师研发出来的。充满活力、顶着一头蓬松乱发、三十几岁时就已身兼程序设计师和企业家的克劳利，是Foursquare公司的首席执行官。最近十年，他不断钻研各种互动定位游戏。跟大多数的游戏缘起一样，Foursquare 也是探究与巧合的产物。2008 年在规划去北欧的行程时，他在谷歌上搜寻一阵后非常受挫，因为搜寻的结果乱七八糟，一点用处也没有。于是，他转而询问朋友，请他们提供一些旅行攻略和建议，并且在照片共享网站 Flickr.com 上发布一个简单的问题，询问是否有人可以给出关于斯堪的纳维亚半岛有趣景点的建议。“我得到一大堆回应，”克劳利说，“有人说，参观这家位于船厂附近的博物馆；也有人说，到某家咖啡店的地下室看看他们惊人的雕像收藏；还有人告诉我，如果去这些船厂，要站在某个特定的角度，这样就能看到旧沉船的残骸。”最后，他体验了一次神奇之旅，而这绝非单靠网络搜索的那些零散信息就能够享受到的。

克劳利决定开发一个应用程序，让用户分享各地趣事，并在过程中添加类似游戏的元素。于是这个手机应用程序就此诞生。

因为能够利用智能手机准确的定位能力，Foursquare 在 2009 年与众多新兴的手机应用程序同时问世。房地产业者可通过这个程序帮助客户寻找他们所处位置附近待售的房子（试想一下，在一个社区里走动时，你可以利用手机查询附近待售的房屋）。谷歌则推出一个名为“谷歌纵横”的服务，让人与朋友分享他们的位置。Twitter 也能让用户加入自己的所在位置。还有其他应用程序可用来搜集社区附近的信息，例如邻近的学校和医疗设施，甚至是最好的咖啡馆。因为提供了具体地点，这些应用程序得以让商家直接发送高度相关的广告甚至优惠券到用户的手机里。

为了玩 Foursquare 游戏，我每次去餐厅、酒吧、咖啡厅或是公园时都会在手机上点选这个程序，办一次“签到”。我的“签到”会让 Foursquare 上的朋友知道那时我身在何处，并且给我的品位评分，可好可坏。我也可以撰写自己的评论，或是推荐今日特餐或特价品。这个游戏的最大乐趣是，如果我一天报到多次，就会赢得类似童子军的徽章——去公园遛狗、到卡拉 OK 酒吧停留一阵，诸如此类的活动都算在内。更妙的是，若是我成为一家商店或餐馆最常光顾的客人，Foursquare 就会任命我为那个地方的“市长”。市长通常不会因为去那些地方而得到任何实质性好处（不过有些餐厅，像星巴克，就会为当地市长提供折扣或赠品），但这的确能满足我的虚荣心。而这种想要炫耀的强烈动机让你无论去哪里都会想“签到”一下。

讲到这里，我又想起了我的朋友萨姆 · H。

我家住在纽约的布鲁克林区，附近有家叫“南方”（Southside）的咖啡店，我有时会一天上门好几次，一解我的咖啡瘾。当然，每次去我都会上 Foursquare 签到。我一个月超过 60 次的纪录无人能及，因此我相当自豪地一直稳坐南方市长的宝座—— 一直到最近。

一天早晨，我走进咖啡厅，点了我的咖啡，拿出手机一如既往地签到，但迎接我的并不是通常出现的：“恭喜你，尼克！你仍然稳坐南方市长宝座！”我看到一则令人震惊的新信息：“感谢你的签到！现在的南方市长是萨姆 · H!”

我当时的反应是，Foursquare 的资料库一定出了问题。我可是连续几个月每天在南方出入好几次的人。一定是软件出错了！

我迅速喝完咖啡，然后跑回家打开我的笔记本电脑，在网站上查询萨姆 · H。我既惊讶又难过地发现，他不仅被冠以南方市长的封号，还和我经常出入许多相同的酒吧、餐厅和咖啡馆。继续搜索后，我发现他和我一样都任教于纽约大学。

我的“分身”（doppelgänger）[①]竟然和我一样，也住在布鲁克林！

由于好胜心和自尊心作祟，我无法就此作罢。虽然此举可能违反这个游戏不成文的规定，但我还是想办法找出了萨姆的电子信箱，传了一封简短的邮件，要求他告诉我为什么偷了我的市长宝座（以友善的口吻）。

本着同样的精神，萨姆也回信给我让我离他的地盘远一点，现在他可是这里的新市长。我们就这样你来我往了好几个星期，窃取彼此的市长头衔，就像一对抢遥控器的老夫妻般“争论”不休。

然后我们成了朋友，至少在网络上是如此。我们也将彼此加入 Facebook、Twitter 和 Flickr 这些社交网络中，经常相互讨论我们这片区域的新餐厅、酒吧与热门地点。有趣的是，我只在 Facebook 和 Twitter 上看过几张萨姆小时候模糊的照片。我当然不可能在人群中，甚至是排队时认出他来。但是，我和他分享经验、进行交流，跟我在工作时和朋友一起做的没什么两样。

如果你和我一起看一遍我的通讯录，我可以告诉你许多相同的故事。玛丽亚是我几年前在网络上认识的一个好朋友，她住在保加利亚。自从在一些共享文档的社交网站相识后，我们总共碰过两次面，且每次都不超过一小时。但我并不因为我们的相遇是数字式的，就怀疑我们友谊的真实性，相反，我很珍惜这样的友谊，也很珍视我们在网络上交流的那些有趣但有点怪异的科技新知和媒体报道。住在旧金山的杰森是寻找有趣的设计信息的高手，我们只在一次研讨会上见过一面，所以若要我像指认嫌犯一样把他找出来，我一定做不到。但我相信他对最新设计动态的判断，有时甚至觉得他比我在《纽

---

① Doppelgänger 为德语，原本是指某人同时出现在两地，由第三者目睹另一个自己的灵异现象。目前也引申为某人的行动方式和另一个人一模一样，泛指任一双重或极相像的存在。——译者注

约时报》和纽约大学的一些同事的水准还要高。

**媒体变革**
I LIVE IN THE FUTURE & HERE'S HOW IT WORKS

我不认为这和现实生活中的友谊有什么差别，我觉得与人交谈所建立的，和通过电子邮件或短信等虚拟交流所培养的都是人际关系，这些关系都可以是很好的友谊。网友可能无法一起喝啤酒或咖啡，或是交换生日卡及周年纪念贺卡。但是，我们可以在 Facebook 的相簿上发送照片，欣赏彼此的宠物，或是通过 Twitter 寄送电子生日卡来分享有趣的影片和重要新闻。这两种体验虽然不能相互取代，但结合起来也许就会创造出我们无法通过其他方式体验到的新形态的人际关系与友谊。

因为有了这些关系，那些好像有点来路不明的网友的影响力可能和你的工作伙伴或隔壁邻居一样大——甚至更大。和我一样，你可能会接受他们推荐的餐馆或水电工。他们可能会影响你读的书、看的电影或点击的新闻。因为你知道彼此有共同的兴趣，所以即使你对他们了解不深，甚至连他们的发色或喜爱的球队都不知道，你还是会相信他们。最后，这些新兴社群与其成员产生了一股强大而且日益茁壮的力量，对他们的“朋友”最常关注的事、他们的作为以及他们如何花钱产生重大影响。这股力量的未来增长不可限量，也难以预期。

这些关系已经成为我数字大门前的内容过滤器。就以我星期日的阅读体验为例：几年前，我和妻子星期日上午都会躺在床上看《纽约时报》与几本周刊。但现在，每晚睡觉前及每天早晨起床时，我们都会用手机或笔记本电脑上网浏览，看看网友分享的信息，同时也会分享一些有趣的信息给他们。

这些新闻链接是从我们广泛的人际关系网络中一一浮现的，而不是由面无表情的新闻报道者强加的。我们不再依靠专业的编辑来包装一个主页或是版面，现在我的网友成了我的新闻编辑，依照我的兴趣量身打造，提供高度定制化的新闻与信息。这样的关系发展到最后，其影响力无可限量，将远远超过“社交”。

## 社交网络是什么

“社交网络”（social network）现在成了网络上最普遍的流行语之一，它通常是指一个让人们以个性化的方式来沟通或接触的网站或网络服务。例如，Facebook 就是目前最大的社交网络，其用户数高达上亿人。

“社交网络”刚开始在网络上流行时，在我看来这个词似乎有点多余。因为网络本来就是用来促进社会交流的，而让人们彼此交流和分享信息也正是它被创造出来的原因。此外，许多早期的网络用户，包括我自己，早就开始在网络上的留言板、论坛与其他不为人知的网络空间聊天、分享图片及信息了。

当“社交”这个标签开始蔓延到工作列表、简历及广告中后，我一直在想，除了在网络上社交外，还应该对网络抱有更多的想法才对。我的意思是，如果你在一条新的街道上盖房子，若是搬进来的陌生人彼此开始交谈，你会感到震惊吗？当街上的新住户一起聚餐、谈论他们感兴趣的书籍或电影时，你会请人类学家和科学家来访问他们所有人吗？我想大概不会。事实上，如果他们没有开始交流和“社交”，我们才会感到讶异。

不过，这并不意味着我认为社交网络不重要；恰恰相反，我和萨姆 · H

的友谊足以说明它的重要性。但我总觉得网络不仅仅是人与人之间联系的手段，或是一种告知世人我早餐吃了什么或共享链接的方式，它还应该具备更重要的功能。不过直到读了康奈尔大学名誉教授本尼迪克特·安德森（Benedict Anderson）的著作《想象的共同体》（*Imagined Communities*），我才真正理解社交网络到底是怎么一回事。

安德森几乎把一生都倾注在探索、分解与定义“民族”（nation）的含义上。他的工作对于民族主义以及建立国家的新见解的构建颇具影响力。读了他的理论后，我发现这也可以用来解释在“网络”上发生的事。因为，从某种意义上讲，网络也是自成一格的民族。

20 世纪 80 年代，安德森突破传统，提出一套精彩又别具一格的理论，为民族提出了新的定义。“它是一种想象的政治共同体——而且被想象为本质上有限，同时又享有主权的共同体。”他写道，“它是想象的，因为即使是最小的民族的成员，也不可能认识他大多数的同胞、与他们相遇甚至是听说过他们，然而，他们相互连接的意象却在每一位成员心中。”

你的生活中会有各种社群。你居住的国家当然是其中之一，你的护照就能证明这一点。还有你的教会、社区与母校。安德森认为只有当社群中的其他成员能够活生生地出现在我们面前（例如星期日早上的教堂或夏季扬基体育场里的人群），才能算是实际存在的社群。但是因为自身受限，我们无法一个个地认出社群中的所有成员，所以只好想象他们的存在。

我们身处的位置可以帮助我们更清楚地说明这一点。虽然我所认识或遇见的美国居民可能连一小部分都不到，但我觉得我们是彼此相连的，因为我们对自己的美国属性（Americanness）有共同的信念。我对和我持有相同护照的三亿多人有着强烈的同胞爱与民族情，但这样的意识仅存在于我的想象中，就如同它存在于我同胞的想象中一样。

纽约市是另一个想象的共同体；我居住的布鲁克林是纽约市的自治市，也是个想象的共同体；而我家所在的第 33 街还是想象的共同体。如果我把我这一生都用来认识纽约市这个社群的所有居民，那就必须在 75 年内每天和 400 多人互动，而这完全超出我的能力所及。不过，我仍旧认为这个城市的居民是我的世界的一部分，而他们也把我看成是他们的一分子。

安德森认为能将民族视为想象的共同体，很大原因在于印刷术的兴起。他在书中表示，正是因为有了印刷术，现代国家才得以出现。这是因为印刷让欧洲人民可以阅读用他们的共同语言写出来的书籍，并能以英语、法语和西班牙语来取代拉丁文。之后，共同语言的书籍成为帮助社群定义其共同目标，以及我们今日所谓的现代国家发展的载体。

想象的共同体这一概念超越了地理区域：我是个中产阶级，肉食者，喜欢攀岩，在纽约大学任教，阅读某类型书籍，喝特定品牌的咖啡并且任职于《纽约时报》。这些都代表着不同，但对我而言很重要的想象的共同体。这些共同体中有些有所重叠，但大多数没有，他们都是动态的，而且受到我生命中其他社群的影响。

安德森的论点也适用于网络上的数字生活。随着科技的发展，个人的、专业的及社会的时空联系不断增强，这使得你与自己线上社群的联系的紧密度——如我和萨姆·H 的友情，也随之增长。

安德森思想的核心问题是：我们会基于什么原因而认同哪些人？和一个不攀岩的美国人相比，我和一个中国攀岩爱好者之间难道不可能有更多的共同点吗？我有可能会因为每天读《纽约时报》而和阅读相同或类似刊物的“志同道合”的读者，产生更多实际与想象的联系吗？就连读这本书，你也正在进入一个想象的共同体，和读过它或未来将会读到它的人形成一个社群，即便你永远不会认识所有的读者。而且，尽管我们不会特别注意到这一点，但每个与我们有关的故事，都会牵扯上社群。

安德森特别提到了报纸。他随机抽取《纽约时报》的头版，指出上面报道的故事存在很大的分歧，在头版可能会有“苏联的持不同政见者、非洲马里共和国的饥荒、一桩恐怖的谋杀案、伊拉克的政变、在津巴布韦发现罕见化石、密特朗（当时的法国总统）的演讲”。这些事件之间有何关联？他问道，随后自己回答道：“这并不全是随意摆放的。显然，这些大多独立发生的事件中的行动者并不知道彼此的存在，也不知道别人在做什么。这些事件被挑选出来并列摆放，表明它们彼此间的关联是被想象出来的。”

他继续解释道，这些报道主要的连接点是日期，这些故事发生的时间或被披露的时间，都在同一时间点。这些事件当然都很重要，也很有新闻价值，这样才能让报纸成为“单日的畅销书”、具有广泛影响力。所以，也有一个共享的读者社群。

“每一位参与者都清楚他所奉行的仪式正在被数以千计（或数以百万计）的人重复，虽然他并不认识他们，却对他们的存在颇具信心。”安德森说。

如果你和我都读《纽约时报》，我们就会因为同时提供给我们的信息而联系在一起。这份报纸是一个社群，有一部分是建立在政治利益和意见上的，但也有围绕着当中的报道、事件的日期以及发生地点的。

换个说法，我为《纽约时报》写的“位元”博客，一天内可能谈到几个不相关的话题，但都是针对特定的读者社群的，可能是对科技业与技术投资感兴趣的人，也可能纯粹只是迷上了电脑小工具与新点子的人。因为不需要订阅或密码，要确定博客的读者社群人数并不容易。10 年前，这样的社群可能只占一小部分，例如，《纽约时报》或某份技术贸易杂志的订户，或在某个鲜为人知的电子布告板上，但现在他们都可以集中在同一个地方，以全新的方式在讨论区和我进行一对一的交流。

也许 2009 年迈克尔·杰克逊突然意外身亡后涌现的网络社群，就是这类新社群中最戏剧化的一个例子。当时，人们对此的反应极为强烈。在 CNN 网站上，有篇文章直接命名为《杰克逊去世几乎把整个网络一起带走》，而报道死讯的名人新闻网（TMZ）[①] 和《洛杉矶时报》（*Los Angeles Times*）的网站，都因为网友不断涌入而瘫痪。谷歌新闻的用户有段时间无法打开新闻网页。有好几个小时，谷歌的前一百个热门搜索关键词几乎都与杰克逊相关。谷歌趋势把人们对杰克逊死讯的反应评为“火山”级。

网站监测公司“基调系统”（Keynote Systems）表示，各大新闻网站要花比平常多两倍的时间才能下载新的新闻报道。CNN 表示，它们的网站在消息传出一小时后，有 2 000 万的浏览量。维基百科表示，杰克逊去世那天，关于他的编辑条目超过了 500 条。要是在过去，大家可能会一群一群地聚集在电视机或收音机前，之后或许还会去参加个追悼会，甚至是写信（贴邮票的！）。但在今天，美国在线的“即时通”（Instant Messenger）瘫痪了 40 分钟，因为人们都试图要和自己的网络联系。当天 Twitter 的信息量突破每小时 20 万条。

---

① TMZ 是 thirty-mile zone 的缩写，原本是指洛杉矶一处以 48 千米为半径的电影拍摄区，因圈内名人聚集而得名。目前 TMZ 附属于美国在线（AOL），专门报道演艺圈新闻与八卦消息。——译者注

杰克逊死讯传出后几分钟，几小时后，这个令人伤心的消息带来了一个巨大、无形、虚拟，但非常清晰的社群。美国在线（AOL）的消费顾问雷吉娜·刘易斯（Regina Lewis）说，个人对此会产生三个反应：想知道所有相关消息、希望分享它，并且用自己的方法做些贡献与纪念。

那天，世界各地的人们以前所未见的方式和他们从未想过的人连接起来。你在任何时刻都能感受到这样密切的联系，但却对这些线上群体的其他成员一无所知。网络上，社群似乎无所不在，它存在于网站、社交网络、电子邮件地址或新文章的背后。今天我们生活在一个数字化、随时上线、即时、创造与消费的社会，我们不断编织出或大或小、明显的、想象的社群。

正如安德森发现印刷术带来的共同语言的沟通力量足以打破权力结构，创造有意义而强大的国家一样，线上社群也在重塑和改造我们对国家的个人想象和传统的沟通方式。随着印刷业的兴起，当时的掌权者理所当然地感到害怕，他们担忧若有这么多人变得消息灵通，社会恐怕会完全改变。今天我们也面临类似的状况，广大的新兴社群以推文与链接这样怪异的数字方式沟通，难免让某些人感到不安，担心这会让更多的民族挤入一座拥挤的巴别塔（Tower of Babel）[①]中，塔中有大量的声音与噪声，却很少有人深入思考。谈到这里，我想到最近在网上认识的另一个人：乔治·帕克（George Packer）。

## 一场 Twitter 上的对战

迈克尔·杰克逊事件突显出网络提供着庞大的、不断涌入的创意与信息，

① 传说，古时散居各地的人们聚在一起想要建立一座能直达天空的塔，这座塔就是巴别塔。——编者注

而且每天不断地以惊人的速度增长，这自然会让人对这么多的信息产生不堪重负的感觉。

以 Facebook 为例，在任何一个月份，平均每个用户会创造出 70 篇内容。这个网站共有 5 亿用户，换言之，他们创造了将近 350 亿个链接、新闻报道、博文，以及亲朋好友的照片与视频。广受欢迎的视频网站 YouTube 表示，在 2010 年，每分钟有长达 24 小时的视频上传到 YouTube 的服务器。这意味着这个网站每天会增加 34 560 小时的视频，而要把它们全部看完，得花上近 4 年的时间。

我想多数人宁愿选择钻进毯子里，把自己包裹起来，读一本经典好书。

至少，这与 2010 年初乔治·帕克的感受很相似。帕克报道过伊拉克战争、塞拉利昂的暴行以及象牙海岸的动乱，他还写了几本书，包括《刺客之门：在伊拉克的美国》（*The Assassin's Gate:America in Iraq*），而且自 2003 年以来一直是《纽约客》的撰稿人。但在面对网络上大量涌进的信息时，他只能在博客上发泄自己沮丧的心情。

“我一听到 Twitter 的提示音，就想大声喊停。每隔几分钟就和几十个或几千个人彼此收发简短的状态更新这一想法，在我看来根本是信息地狱里的场面，”他写道，“有人跟我说 Twitter 是一条河，随时随地都可以把杯子放进去舀水喝。但这有一个前提，就是我们都待在河岸上，可以跪坐下来取水。事实上，如果你跟我一样，身处水位已经接近鼻孔的河中，只想努力地稳住自己的步伐，那么这一点也不像啜饮，而是担心会被淹死。”

他提到，他特别留意《纽约时报》的一位媒体评论家大卫·卡尔（David Carr）的专栏。卡尔是我在《纽约时报》的同事，他曾写道：“在 Twitter 上，总有一些事情比你正在做的事更有趣。"

"嗯，当然，"帕克写道，"谁都希望能随时从千篇一律的无聊或苦闷中脱身，这正是毒品的用处，也是人们会上瘾的原因……Twitter是媒体上瘾者的毒品。这不是因为我的道德感比较强，而是因为我不认为我能战胜它。我怕到最后我连儿子饿了都不想理睬。"

他坦承自己没有黑莓手机或智能手机，当他从纽约搭火车到华盛顿时，会选择坐在安静的车厢，不带笔记本与手机，只是希望能专心读两个小时的书。

他的诉求引起了共鸣。讽刺的是，他这篇文章的链接在Twitter上被转推超过700次。

我可以理解帕克为何要对抗这股网络信息的洪流。正如他所言，一天的时间有限，若要选择，他宁可把这些时间花在其他事物上，而不是深思其他人用140个字创造出来的东西。他并不孤单，在对他文章的评论中，有许多人打心眼里赞同他的观点。

在Twitter上找到帕克的文章后，我在博客写了一篇文章回应，暗示他至少应该给Twitter一次机会。Twitter有可能以深刻且意想不到的方式将新闻和传媒转型。例如，2009年夏天，伊朗民众走上街头抗议他们的总统大选，美国几家大型电视新闻网仅作了零星的报道。在伊朗不是随时都能发送电子邮件或上传视频的，甚至连用电脑上网都会出问题，但有人发现可以利用手机发送推文。于是，他们开始分享当地情绪性反应的细节，如民众闯入商店、到处放火，结果导致警察殴打民众的各种事件——尽可能用140个字传达细节。读到一则则耸人听闻的标题后，网友觉得伊朗的叛乱活动可能会吵到 CNN 和其他媒体那里去。

有上万人使用了“失败的 CNN”这个标签来表达对美国媒体粗糙报道的不满。有些人指出，CNN 宁可重播拉里·金（Larry King）采访《美式摩托车》（*American Choper*）这个关于制造摩托车的真人秀里的人物。其他人则抱怨，在一个深夜节目中，莎拉·佩林（Sarah Palin）和大卫·莱特曼（David Letterman）在谈笑间使用的不当措辞所引起的关注，竟然比伊朗的动荡新闻更多。Twitter 能够突显与强调那些不被主流媒体注意的观众，并给他们一个平台，让他们表达强烈的不满。

或许有点离题了，不过这让我回忆起铁路刚问世时，有些记者也担心它可能带来的破坏，于是我猜想若帕克活在 150 多年前，他“可能不敢置身于一个不断发展的社会，而会要求火车停驶”。

很显然，我这种说法确实有点过头了。我这篇博文得到了 100 多条评论。而正如我所料，那时大约有 8 成的网友都赞同帕克的看法。一位网友评论道：“我坚决支持帕克先生！ Twitter 愚蠢至极！”另一位网友说：“请不要再向我们暗示说，我们这些人（应该说‘我们这些非记者’才对）一定要获取最新信息，才能好好生活。我不能认同你认为科技最终将带领人类、体现人类伟大进步神话的说法。我宁可看认真调查的记者或作家（如乔治·帕克）深入调查的报道，也不愿看上万条的推文。”

尽管我举了伊朗的例子，又说明 Twitter 是如何帮助地震后的海地人民联络家属的，帕克似乎仍和我博客的读者一样，没有认同我的论点。在之后的一篇文章中，帕克担心：“网络用户要是都在上网、浏览网页、收发电子邮件、发表博文、上 Twitter，以及使用未来将取代 Twitter 的新玩意，他们一定得付出极高的代价，如可用的时间变少、注意力及阅读理解能力降低，还有无法体验瞬息万变的周遭世界等。”

帕克这次着实回了我一记，他继续写道：“网络以及它衍生出的设备发明正以惊人的速度、系统性地改变我们的智能活动，这比过去 7 个世纪以来的总和还要深。质疑这场革命的利弊得失不应该被看成是异端分子的行为，实际上，我觉得提出这些问题应当是媒体评论家，或是‘位元’博主的重要职责。”

他甚至还以讽刺的恭维来挖苦我，他写道：“若说卢德分子（Luddite）是恐惧科技的人，那么比尔顿派（Biltonite）就是庆祝所有科技变革的人。”①

我其实并没有那么武断偏执。但帕克的观点让我想起了 20 世纪 90 年代中期由软件研发者马克·普伦斯基（Marc Prensky）进行的一项评估，他认为应该将一切科技都纳入学校和教育体系中。在普伦斯基看来，网友可分成两大类：数字移民（digital immigrants）和数字原生代（digital natives）。在数字原生代出生的世界里，虚拟互动司空见惯；而数字移民则是在网络蓬勃发展前就出生了，因而必须去适应新的沟通方式。

过去 5 年，我注意到可用两种特质来区分数字移民与数字原生代。首先，数字原生代会毫不掩饰地创造与分享任何类型的内容，他们不会仅仅满足于拥有信息，也不会因为要自己动手创造就放慢脚步。

若是你有孩子，你可能已经见识过数字原生代的创新思维，以及凡事都要记录的需求了。如果看过 2009 年美国总统奥巴马的就职典礼，你就会

① 19 世纪工业革命初期，有些英格兰工人因担心失业而到处捣毁机器，卢德是当时的带头人之一，故称这些人为卢德派；帕克如法炮制，以本书作者的名字比尔顿，延伸出比尔顿派。——译者注

看到这一点。总统在等待宣誓就职之际，他 10 岁大的女儿玛丽亚·奥巴马（Malia Obama）就坐在他后面，拿着数码相机拍照。明明会有成千上万的人为就职典礼拍照，奥巴马的照片日后一定会出现在绝大多数的报纸头版，以及世界各地的新闻网站上，但他的女儿还是想通过自己的眼睛来记录这件事。此外，数字原生代也不认为报纸、电视台这类主流媒体的报道及新闻和网友们创造出来的有什么不同。另一点与数字移民不同的是，数字原生代在网络上处理的信息数量惊人。

数字移民来自于阅读以传统方式包装信息的年代。他们认为所有能印在报纸上的新闻就应该是那么一回事：有整齐的排版、有层次架构，并且排放在页面上的特定位置。早上醒来时，家门口会摆着一份装订整齐的报纸，他们会边喝咖啡边用 30 分钟的时间把报纸读完。其他形式的信息则包括 30 分钟的电视节目、2 小时的电影及 250 页的书籍。新闻的消费者和生产者不会易位，许多人都习惯这样的信息包装形式。帕克有充足的理由说他想要大声喊停，因为现在许多数字移民熟悉的传统包装形式正在慢慢瓦解、消逝。

今天，网络上有如此多的信息，旧有的规则逐渐被打破与分解，而新规则却又尚未被筛选出来。主流内容开始出现在网上，但其包装并没有随之迅速改变。像纽约时报网这样的新闻网站每天会增加 150~600 篇新的报道、评论及博文，相较之下，报纸上仅有 150 篇报道。再加上每天还要浏览许多网站，我们根本不可能消化这么多的信息，也没有简洁的方式来组织数量不断膨胀的信息。现在，还没有任何整齐的“小包装”出现。

媒体变革
I LIVE IN THE FUTURE & HERE'S HOW IT WORKS

对数字移民而言（从技术上来说，我算是边陲移民），信息过多可能让人觉得不堪重负。信息太多，人们根本没有足够的时间去消化。近年来，我被加入更多朋友和同事的社交网站，这种感觉因而变得更加复杂。我的阅读清单中加入了一个又一个有趣的新博客或网站，随着这份清单的“成长”，我逐渐感到恐慌，这跟帕克对信息超载的忧虑很像。我觉得我被一堆文字、数据、图片和状态更新活埋了。就像E.B.怀特在文章中对《读者文摘》的读者的感受所进行的描述一样，我想要、也需要阅读一切。那种万一错失什么重要信息的焦虑，一直在我心中挥之不去。

## 锚定你的线上生活

我发现数字原生代完全没有这方面的焦虑，因为他们已经解决了信息过多的问题，我也是。

我花了一段时间才弄清楚这当中的道理：我们的社交网络（我称之为“锚定社群”[anchoring communities]）在网络世界的功用，就如同安德森的“想象的共同体”之于民族一样。正如安德森的理论所描述的，在无边的网络世界中，下锚、定出边界。这将帮助我们解决传统派最害怕的线上信息过多的问题。帕克将收到数十人状态更新通知的情形视为地狱，我却恰好相反：若是少了我的社交网络为我锚定网络世界，我才会觉得自己陷入了信息地狱的深渊。

民族主义是安德森想象的共同体的黏合剂，它使人们得以想象自己是意大利人、德国人或美国人。在数字生活中，锚定社群发挥着类似的作用，这就跟民族主义之于安德森的想象共同体一样。

为什么？因为“下锚”可以帮助人们产生归属于社群的感觉，同时帮助他们浏览永无止境的数字世界。在这里，“锚”看起来似乎只是社交网络的另一种说法，但其功用远不止于此。社交网络的最初目的不是用来帮助解决信息过多的问题，或是浓缩内容的问题，而是为了呈现一份基本上可以美其名为熟人的名单，包括老朋友、新朋友、朋友的朋友，以及曾经的朋友。社交网络的目的是分享状态更新、照片，最后则是文章。但无意间，它却成为我们网络上的安全避难所，我们的锚定社群。

当然，还有些人只是用这些社交网络来告诉朋友他们早餐吃了什么。但总体而言，我们已将这种分享方式推向一个全新的层次：用来交流专业知识与见解，相互帮助决定什么是重要的信息，什么是数字垃圾。

通过提供自己的数字链接和联系，锚定社群帮我们应付网络上数目庞大的人与不可估量的信息，筛选出精致整齐的选辑，帮助我们容纳溢出的信息。这些社交网络提供出一份认知路线图，指引浏览的方向，有助于我们减轻试图自己管理过多信息的心理负担。

这些锚定和共享模式，是在20世纪90年代末期从美国在线的即时通开始的。那时人们会将感兴趣的婴儿舞蹈、有趣的动画或好笑的网站链接发布在他们的即时通上，与朋友及家人分享。不久，这些相互交流的伙伴改用电子邮件，最后转移到社交网络上，成为我们锚定社群中停泊的船只。

这些网络成为我们的“内容村”（content village），村民带来共享的信息，每个人自行决定去拜访谁、加入谁，或是将谁排除在他们的社交圈外。整体看来，我们深入大量信息之中。

而社交网络帮我们切入目前大家所关注的焦点。Twitter一直在问“有什么新鲜事？”而Facebook也一直在诱惑你分享“你在想什么？”。当然，有时会得到“我需要冲个澡”这种相当没意义的回复，但若回应是重大事件的突发新闻，或一个耐人寻味的发现，这时我们的社群便可能就此帮我们展开一场有意义的讨论，而且在许多情况下，几乎瞬间就能看到想要的信息。

它是这样改变我的体验的：很长一段时间，我每天早上一开电脑就会打开十几个甚至更多的不同窗口，看看之前世界发生了什么事。我一直关注谷歌网页、纽约时报网、华尔街日报网与雅虎网站等。屏幕上滚动的信息完全超出我能消化的，而且内容还经常重复。

但是现在一大早，我会去上Twitter。在那里，我可以看到我所关注的人们的关注点。以下内容可能是我在写这一段文字期间出现的：我的同事吉姆更新之前漏油事件的报道；我在研讨会上见过一面的朋友克里斯发来一个新的博客链接——它是关于Facebook让人困扰的隐私政策的；我的妻子发来她正在阅读的美食家博客链接；其他同事分享的一部乔恩·斯图尔特（Jon Stewart）的影片。这些链接可能来自纽约时报网、CNN、福克斯新闻网、新闻工作者、朋友、我从来没有听过的博客或是我的邻居。

他们每个人都整理出我在乎、感兴趣，或可能与我相关的报道，基本上为我提供了个性化的套装新闻。我也以同样的方式分享我在佛罗里达电子跳蚤市场的发现。每天早上我还会固定造访某些网站：纽约时报网、科技资讯网站 Gizmodo、布鲁克林的 Brownstoner 以及其他网站。若在浏览的几百篇文章中发现有趣的，我也会回馈给我的社群。我们都不会因此得到酬劳，但我们帮助彼此在信息量多到令人难以置信的网络上搜索。

就以发生在我家附近的一件案子为例。我出门度假时有个强盗被警察击毙。我住在布鲁克林的邻居和朋友马上在网络上发布即时信息描述了这件事——几乎和事件同步进行。他们都不是记者，也没受过专业训练，但他们都在积极地讲述一个故事、分享信息，就好像截稿日期将至，而他们会因为传播自己所掌握的信息而获得稿酬。

## 网络大世界

你可能会认为这些社交网络把我们和志同道合者封锁在一个小圈子里，大家相濡以沫，除了同一阵线网友的相似意见外，再也看不到其他想法。人们可能认为，在 Twitter 上只关注自由主义者的，就只能看到自由主义者的观点。

但在网络出现前，大多数人早上也只阅读一份报纸——通常就是和我们政治观点一致的报纸。实际上，我们也没有办法阅读其他的地方性报纸。试想一下，身处 20 年前的纽约，要拿到一份《西雅图时报》(*Seattle Times*)会有多困难！那可能要等上一星期的时间，而且没有与我们今日所用的点选功能类似的东西。在过去，成本和发送难度限制了我们选项的多寡。

在社群中，我们生活在同一颗泡沫中的想法被称为“同质”(homophily)，简单来说就是“物以类聚，人以群分”。

过去的研究显示，我们倾向于与志同道合者为伍：依据平均收入、年龄、居住地区或类似的政治立场或其他利益。但在网络上，我们所看到的意见和观点远超过我们在电视和报纸等传统媒体上所接收到的。

I LIVE IN THE FUTURE & HERE'S HOW IT WORKS

**未来探测**

马修·根茨科（Matthew Gemzkow）和杰西·M．夏皮罗（Jesse M. Shapiro）在2010年4月由芝加哥大学布斯商学院发布的一份研究报告中指出，网络不仅会打破不同观点间的藩篱，也会驱使我们看到之前根本无法看到的东西。这和人们之前对网络的看法完全相反。2001年，美国法律学者卡斯·桑斯坦（Cass Sunstein）为《波士顿评论》（*Boston Review*）写了一篇文章，他认为我们的沟通方式正快速走向另一个世界，在那里“人们将自己局限于自己的观点内，自由派人士看的主要，甚至全都是自由主义者的文章，温和派人士看温和派的，保守派人士看保守派的，新纳粹人士看新纳粹的”。

但根茨科和夏皮罗在研究网络流量（Internet traffic）时发现，大多数浏览新闻的网友所获得的信息来自多家新闻机构，甚至是那些你从不曾想到的：“来自拉什·林堡政治脱口秀节目网[①]和葛蓝·贝克线上频道[②]这类极端保守网站的访客，造访纽约时报网的概率比浏览一般线上新闻的网友还要高。而思想进步网（www.thinkprogress.org）和前进网（www.moveon.org）等极端自由派网站的常客，浏览福克斯新闻网的概率也较一般来得高。”在回顾2004年以前的新闻资料库后，

① 拉什·林堡（Rush Limbaugh）是极右派的共和党人，堪称美国最红的电台名嘴，1994年，共和党在赢得国会大选后，甚至颁发“荣誉国会议员”的头衔给他，其政治影响力可见一斑。——译者注

② 葛蓝·贝克（Glenn Beck）曾主持CNN新闻节目，后转任右派色彩较浓的福斯新闻电视台，是美国深受欢迎的媒体主持人和作家。——译者注

根茨科和夏皮罗发现，“没有证据显示随着时间的推移，网络使人变得遗世独立”。

我可以告诉你一个第一手消息：**我的锚定社群让我在网络上看到的观点，比以前阅读报纸、收看晚间新闻或看我喜欢的杂志时看到的还要宽广许多。**

这一两年来，这些锚定社群几乎改变了我接收阅读内容、分享信息的方式。对社交网络和锚定社群所提供的信息的依赖性及参与度，使我加快了从有线电视转向电脑、从座机转向可随身携带的手机、从书籍和报纸等印刷品转向电子阅读器的速度。我“闯”进了一个新系统，因为我希望我所遇到的一切，都能够被分享、修正与接收。

个中差别不是在电视或网络上收看《周末夜现场》(*Saturday Night Live*)，而是和我分享信息的人会将最新的有线电视网内容剪辑出最精彩的片段再与我分享。出于同样的尊重，虽然我不希望像我祖母一样从报纸上剪下文章再邮寄出去，但还是希望将我每天在纽约时报网上看到的两三则有趣的文章，以电子形式传递给与我一起分享新闻的人。

正因为有这种想法，我不再对过多的信息感到焦虑与恐惧，或是觉得在上网或离线时可能会错失些什么。就像在印刷品时代早晨手握一份报纸十分悠哉一样，现在我对我的锚定社群也颇具信心。

网络上的信息排山倒海地涌来，并持续膨胀。信息越多，我们越容易因为不能全面掌握信息而感到不安。没有人能够看尽网络上创造出的一切事物。若是嫌编辑和传媒精心推出的信息博客上的信息还是太多，不妨让锚定社群来帮忙，让他们管理和编辑过多的信息，为我们提供脉络更丰富的故事。

这些锚会不断演变，我们也将改善它们，以做出在什么时间该相信谁的重要决定。与此同时，市场营销人员、搜索引擎供应商、政治家，以及其他人士也会在一旁伺机找出如何利用我们的社群特色来吸引人们注意的要素。今后，我们认识世界与决定要信任谁的方式将变得更重要，而且更复杂。

I LIVE IN THE FUTURE & HERE'S HOW IT WORKS

# 04 谁才是值得信任的

## 互联网上的信托市场

今天你所获得的信息，“越来越多地来自朋友和你的社交网络。这是通过信任的渠道才得以流传的，信任的出现不是因为信息来自 BBC 或《纽约时报》，而是因为人”。

B. J. 福格

## 信托市场，获取建议的渠道

当我想知道一个简单问题的答案，比如某个电影明星的生日、一场社会运动的历史，或是如何解决技术性问题，我会在搜索引擎中键入这个问题，然后谷歌一下。很多时候，出现在搜索结果顶端的是维基百科、雅虎问答或是某个留言板，编写这些内容的人不是专家，而是和你我一样，想要分享自己见解和知识的人。

在这庞大、不断变形与成长的信息宇宙中，最大的挑战是如何确认什么是可以信任的、什么不是，即便是在你的锚定社群里也是如此。这项任务会变得日益困难，因为脑筋动得快的营销人员、科技公司和其他人士，也开始使用复杂的算法模式，设法找出解答我们的问题，甚至预测我们未来问题与需求的方法。

因为我们几乎对一切事物都怀有某种程度的偏见，所以开始之所以选择相信某样事物，可能只是因为它的样貌或观点。自由主义者可能喜欢《纽约时报》的社论，但对《华尔街日报》刊载的意见就不敢恭维了，而坚定的保守派光是想到《纽约时报》，可能就会气得发抖。我们对某件事物的信任与确定程度会决定我们互动、分享和使用它的方式。

长久以来，我一直在《纽约时报》的文章以及纽约大学的课堂上讨论维基百科与留言板这类以社群为基础的网站内容的价值，这些网站都是由广大的网络社群来供应“材料”的。尽管有更为广泛的社群会对此不断进行检讨、重新核对，并且在这些网站修改条目，但还有很多人基于很好的理由担心并质疑，我们对这些非专业、来源不明的信息以及带我们过去的搜索引擎的信任到底能够达到什么程度。

在网络上，我们也不断被要求去信任电脑。有些被我们加到锚定社群的信息，其实是出自软件机器人通过高阶演算而寻获或标明的有趣新闻。科技资讯网站 Techmeme 就是这种演算的例子，它会自动监测数百个与科技相关的新闻网站。这个网站就像是一个不断更新科技新闻的头版页面，它基本上是根据一则新闻发布的时间、被其他博客和新闻网站链接的次数，以及和当日热门话题的相关性来运算的。演算过程虽然有人为参与，但比例极低——主要是在监测以及对于发布在网页上的文章稍做评论，其余一切皆由电脑演算来决定。网罗许多不同网站头条新闻的 Alltop.com 是另一个聚集信息的网站。在我和我同事看来，这些电脑资源完全可信。我对算法的信任度，通常比对声明或公关公司发的新闻稿的信任度更高，因为电脑是从有信誉的新闻网站搜寻各种信息的。况且，我还有锚定社群为我再做一次审校。

目前全球 65% 的网络搜寻都是利用谷歌的搜索引擎。谷歌首席执行官埃里克·施密特（Eric Schmidt）就看出了同侪在这当中所扮演的重要角色——因为我们信任他们，这会增加信息值得信赖的程度。施密特明白，我们的线上社群和他们个性化的建议，在搜索结果中所占的分量远比电脑演算法的结果重要，对每个人来说都是如此。正如 Foursquare 游戏想利用你的朋友来推荐餐厅或酒吧，谷歌、YouTube 和其他人士也希望能在搜寻结果网页上捞一点好处。

怎么才能办到呢？假设你住在纽约布鲁克林区，如果你想在布鲁克林大桥附近找间不错的意大利餐馆，你可能会打开搜寻引擎，输入“不错的意大利餐厅”或“布鲁克林意大利餐厅”等关键字进行查询。你应该会得到许多意大利餐厅的店名，但这并不表示你会享用到一顿美好的佳肴。你得到的第一批搜索结果，可能是布鲁克林一家名叫“不错”的意大利餐厅，然后是一大堆乱七八糟的结果，但你还是不知道到底哪一家好、哪一家不好。

现在想象一下，你利用谷歌来搜索，键入一样的关键字来查询，但谷歌搜索网页上显示的不是电脑演算的结果，而是来自你信任的人的评论，而且他们还是在那一区意大利餐厅吃过饭的人，这些人可能是你的朋友、家人、邻居和同事，以及其他你曾在朋友名单或锚定社群中设定为值得信赖的人。

我们不会马上在谷歌网站上见到这样的画面，这种变化不会在一夕间就完成——况且目前这种能准确预测你会喜欢哪家意大利餐厅的算法和人工智能还在研发中，但是上述假想离我们越来越近。毕竟，要根据个人喜好以及信任者意见打造出准确的个性化建议，实在不是电脑程序的强项。

科学家兼作家克莱夫·汤普森（Clive Thompson）强调，要预测个人好恶其实非常困难，他以“拿破仑炸药问题”来总结为何要电脑提出这类建议是个挑战。汤普森指出，像《大人物拿破仑》（*Napoleon Dynamite*）这种电影，对 Netflix 这家全美最大的 DVD 租借网站的电脑推荐功能来说，完全是个异常现象。人们不是喜欢那部电影，就是讨厌它，根本找不出可供归类的规律或理由。那真的是一部怪片。汤普森写道：“在 Netflix 的资料库中，这部电影有超过 200 万人次的评分，但结果不是五颗星，就是一颗星。”人们不是爱它，就是恨它，毫无逻辑与缘由可言。

因为这部电影太过奇特和古怪，所以Netflix无法正确预测人们会如何评分，当然也不能给你准确的建议。偏偏这些网络服务经不起出错。若是预测不准确——即使只有一次，下次可能就没有人相信它了。如果Netflix推荐影片给你，而你完全不喜欢，下次租片时，你大概就不相信写着“你可能会喜欢今晚这部电影”的小提示框。

施密特也注意到了这种变化。他表示，谷歌计划在未来五年内改变搜索系统的筛选和排序功能，以适应网络上由Facebook和Flickr这些社交网站汇总出数以百万计的个人观点和见解所造成的根本改变。他表示：“你会比较相信他人的意见。”高中、大学或刚毕业的年轻人现在都在网络上分享一切，而他们即将进入就业市场。施密特认为，在未来数年，他们会将他们的滤镜和社群心态带到生活的每一个层面。

我本人已经亲眼见证了这种情况。去年我有个朋友要搬到纽约市，他一本纽约导览都没有买，也不上网搜寻纽约市最佳居住地区，反而设计了一个简单的网上问卷调查，发送给他的朋友，询问他们在纽约找一个社区和公寓应该注意的重要事项。他发出约30份左右的问卷给现在或曾经住在纽约的朋友，然后根据这些回复的信息来挑选他的新家。将来某一天，他或许能够用谷歌根据锚定社群多年来讨论自己喜爱社区的信息，来进行这种意见调查。

谷歌的施密特认为这样的现实已经离我们不远了，他指出在未来几年内，人们将不会看到两个一模一样的谷歌搜索结果。如果你和我都住在布鲁克林，都在搜索意大利餐厅，我们可能会得到完全不同的搜索结果，而这完全取决于我们网上社群的成员。

这带来一些有趣的问题：在数字世界里，我们该如何产生信任感？我们凭什么决定在网络上要相信什么，该相信谁？如果我在网络上遇到一个朋友的朋友，而我从不曾在现实生活中见过他，我能信任他吗？如果我找到一个从来没见过的网站，我怎样判断我读到的内容是否真实正确呢？

## 你该信任谁

传统媒体借由打造品牌、口碑和老字号来取得消费者的信任。比方说，大多数人都认为《华尔街日报》对世界金融的深度报道值得信赖，即便过去两年这份刊物已经易主，也改变了经营方式。《人物》杂志（*People*）所爆料的名人内幕在八卦界也有一定的权威，而《连线》杂志所刊登的科技趋势也获得了科技社群的信任。但若把这些杂志中的报道对调，读者也许就会起疑心。你可能不太信任《人物》对微晶片最新进展的报道，也不太相信《连线》上关于布拉德·皮特和安吉莉娜·朱莉感情生活的报道。

不过，在网络上已经出现报道“混搭”的情况。主流媒体、企业、商家、朋友、家人甚至政府机关都在筛选各种报道和信息，通过各种传播渠道传送给你，例如社交网络、个人网站与官网或手机应用程序。在某些情况下，只是彼此转发信息；在其他情况下，原始信息可能已被转发多次。由于所有信息都在同一设备上流动，每则信息看起来都很雷同，因此我们需要做出正确的决定，选择该相信什么，要删除什么。

那么，从哪儿开始？毫无疑问，我们通常很相信朋友、家人和同事。2009 年，尼尔森在线调查了 50 多个国家的 25 000 人，结果发现受访者对朋友、家人和同事推荐介绍的产品的信任度高达 90%。

我们心中好像有一把尺子，往往不太愿意相信机构、新闻媒体和政府。多年来，皮尤研究中心会定期调查公众对社会信任的看法。看着 20 世纪 80 年代中期以来的趋势，会让人想起公园里孩子玩的滑梯——数字持续下滑。最近一项调查显示，1985—2009 年，一般大众对新闻媒体正确度的信任从 55% 降到了 29%（受访者若是新闻从业人员，这数字会更低）。另一项 2007 年的研究报告发现，29% 的受访者大部分时间都信任大型企业公司，而 69% 的受访者则是有时候信任他们。

因此，除了亲朋好友，在我们对电视报纸摇摆不定的信任感和对大公司的不确定感之间，还有很多可填补的空间。有趣的是，和自己熟识或可以查清楚底细的人相比，人们往往对他们不认识的人怀有更多的好感，也会给予更多信任。皮尤研究中心进行的另一项调查研究了不同国家的人们对陌生人的信任感。在美国，有 58% 的受访者认为“社会上大多数人值得信赖”；在其他西方国家，虽然得到的结果介于 41%~79% 之间，但平均来说，相信陌生人的比例只略低于 60%。

休斯敦莱斯大学（Rice University）的政治学教授里克·威尔森（Rick Wilson）表示，许多研究和报告显示，在初步互动时，超过一半的社会大众会信任陌生人。不过他也观察到人们对朋友、家人和同事的信任感明显高出许多，他认为我们对政客和公司的反感让线上社群有了更多赢得我们信任的机会，并为我们提供了更多的信息和见解。他认为这可能是人们这么快就“拥抱”线上社交网络的原因之一。

买一本书前，我会相信那些多半匿名的陌生人在亚马逊网站上的书评；寻找餐厅时，我会上网看陌生人的评价，然后再做选择。当然，我不知道这些评论者是谁，也不知道他们是否知道我喜欢怎样的食物或书。餐馆可能偷偷地写了一些好评，而他们的竞争对手可能乱写了他们的缺点。但整体而言，我对这些网上的评论家有足够的信任感，会在一般事务的决定上参考他们的意见。

我疯了吗？据威尔森的研究显示，我没有，因为我的看法并非一成不变。“信任感在不断变动，”他说，“实际上这有点像是一场游戏。”如果我相信某些评论者所写的（而且我在那家餐厅的用餐经验告诉我，他们的鲑鱼确实是一道好菜），那么我的信任度就会提高。若是所谓的“卓越服务”其实很差劲，那我的信任感就会下降。

此外，威尔森的论述也提醒我，一旦有人破坏我们对他的信任，那可能需要很长一段时间才能恢复，有时候甚至得花上一辈子的时间。

以 Yelp.com 网站为例，它允许任何人在其网站上撰写对餐厅或各行各业的评论。该网站于 2004 年上线以来，一直稳步成长，吸引了许多消息灵通、能够在街上找到好吃的烧烤店或是吸尘器修理店的网友。但这种做法从一开始就有些问题：怎么会有人相信一个素不相识的人对店家的评论？如果商家请他们的朋友来写评语怎么办？或者更糟的，如果是竞争对手匿名抹黑呢？尽管有这些疑虑，这个网站上还是产生了数以百万的评论，成为搜集商家位置与评论的知名大型资料库。

到了 2009 年，问题开始浮现。有几个博客、商业杂志和包括《华尔街日报》及《纽约时报》在内的几家报纸报道，有人指责该公司实行了一个“勒索计划”：Yelp 的员工会和商家老板或经理联络，称如果他们付 300 美元的广告费就删除网页上对他们的负面评论。若该企业拒绝支付，Yelp 可能会特别突显那篇负面评论。

2010年2月，一群商家对Yelp带有攻击性的销售策略提起集体诉讼。虽然Yelp否认勒索一事，但该网站的信誉已受到破坏，失去了众多用户的信赖。在我写了一篇关于此事的文章后，有位网友留言："我相信真有其事。我在Yelp发表过一些评论，但不知道为什么，负面评论从来没有出现，一直只有正面的。自从发生这种事后，我再也不信任Yelp上的任何评论了！"

**媒体变革**

I LIVE IN THE FUTURE & HERE'S HOW IT WORKS

当我们开始在我们的锚定社群里增加或移除成员与电脑时，就等于是在调整我们对网络新闻和其他信息的信任度——这就好像股市一样。我不会对我网络范围内的每个人或网站都怀有同样的信任感。相反，我会区分他们的真实性，对每个人的信任程度都不相同，这也像股市中的一只只股票。事实上，你可以把这看成是一个"信托市场"（trust market）。

想象一个投资组合，里面股票的价值不断波动——有些长期停滞，有些缓慢上升，还有些猛跌不休。我们也一直在用看待股市的心态，来判断我们线上社群中的成员及其提供的内容是否值得相信。

我相信我那些对新闻报道痴迷的朋友所分享的有趣时事和政治报道；我相信邻居和我分享的地方消息，甚至是他们对餐厅的观感；我相信我那些着迷于科技的朋友和同事发来的科技新闻，有些可能是他们看到的，有些甚至是他们自己写的；但我不会信任他们对疾病的诊断，或请他们帮我浇花。在我的信托市场中，他们各有强项，分别帮我筛选网络上的信息。而我也明白，在任何时刻，某些市场会有所成长和变动。

我认为，信任感这种变动的特质，是造成我们宁愿花更多时间在网络上寻找可信任的网友，而不再迷信传统公司和品牌的一个原因。在网络上，建立个人知名度与信誉，可能比依附于有威望的机构来得重要。例如，我欣赏《纽约时报》刊载的内容，但是当我上网时，我找的是专栏作家大卫·卡尔的报道或是《纽约时报》美食作家马克·比特曼的简易食谱。我寻找的是他的博文，而不是他们在报章杂志上发表的文章；在博客里，我还可以看到他上电视的画面以及他的专栏文章，并且能读到他的读者贡献的一些额外的提示和建议。在追踪他们一段时间后，我知道我可以信任及重视他们的意见。

这不仅因为他们是“名人”，来自有信誉的“老字号”报社。卡尔和比特曼这样的人有明确的意见平台，但我们也看到许多“草根”（no names）打造出个人品牌，他们发表的内容同样受到重视，最终建立起自己的信誉。如果你是苹果电脑的爱好者，一定听过 Mac 系统专家兼作家约翰·格鲁伯（John Gruber）的大名。他没有与任何知名新闻媒体或杂志挂钩，但他在他的网站 daringfireball.com 上有一群忠实粉丝。他是那个网站唯一的员工，光是靠卖广告和到各公司演讲，轻轻松松就有几十万美元的进账。加里·维纳查克（Gary Vaynerchuk）是另一位非比寻常的博主，他发展出自己独有的一套葡萄酒评论及评分的网站《美酒电视库》（*Wine Library TV*），号称日点击量达 8 万。若是今天格鲁伯和维纳查克可以在没有《连线》这类知名杂志做后盾的情况下，发展出自我品牌，那么尼克·克里斯托夫（Nick Kristof）和莫琳·多德（Maureen Dowd）这两位《纽约时报》专栏作家，就算少了《纽约时报》的光环，也绝对有可能建立起自己的信誉。这样下去，我认为将来我们会见到越来越多的记者和评论家，他们因为建立起自己的形象而成名，从而获得公信力，而不是因为他们可能（或可能不会）为之服务的工作机构。

## 和电脑做朋友

你可能不相信计算机算法今天推荐给你的周六晚餐地点，或是帮你找的新医生。但最终，你还是会相信电脑，而广告商也会想尽办法利用这一点。

我们在网上结交的新“朋友”并不全是人类。有越来越多的社交网站、搜索引擎，乃至媒体网站的电脑，都可能会帮助我们整理信息，为我们量身打造个性化信息。

现在，你在电子邮件信箱或 Twitter 上收到的大部分促销活动，都是通用的、发给广大客户群的。不过 Facebook 用户已经发现，他们看到的广告经常是针对他这个人的——根据年龄、性别和个人简介中的其他信息而来。用 Gmail 的聊天服务来聊狗，你很可能会在收件箱旁看到一列与狗相关的广告。在谷歌地图中搜寻一处地址，你会看到右侧出现当地商家的广告。而这些聪明的小广告还只是开始。在未来，借助数学公式和你在网上的点击次数所产生的心理资料，电脑会提供更详细的建议。

这些为你提供个性化信息的网站，假定你对电脑对自己的生活了如指掌一事感到坦然，就像我们对 ATM 自动提款机和网上银行感到放心一样。在银行电脑化初期，很多人都对要信赖一台机器来处理他们的存款和提款感到很紧张。有位朋友回想起她小时候，有一次她的祖母特地叫她坐下来，告诉她：“绝对不能信任男孩和 ATM 提款机。”时至今日，我们无论走到哪里都使用提款机，在熟食店、街角甚至是银行大厅。今天，有将近 40 万台机器可以提款，而且还附有其他功能，如销售邮票或汇票等。到最后，便利性通常会战胜恐惧感。

这就是说，就跟遇到真正的陌生人一样，我们不会轻易或盲目地信任这些机器或电脑。不过，目前这些机器尚未具备足够的智能与人进行正常交谈，以使我们对它产生信任感——要达到这个目标，还有很长一段路要走。我会在 iTunes 或亚马逊订购音乐或书籍，但这不代表我愿意从某一个拥有 PayPal 账户，没什么名气的旧网站购买音乐。

这就是电脑程序设计师所谓的“冷启动”问题。这是发生在系统内完全没有使用者资料时的状况，此时系统无法做出任何建议，而我们也无法相信系统真的对我们有所认知。万一电脑对我们猜测错误，恐怕就没有人会再去使用它了。

设计师解决冷启动问题的一种方式，是过滤和监控我们及我们的锚定社群在网络上的一切行动，就跟目前谷歌想要做的一样。问题是，这些电脑系统和在线网络通常都是各自孤立和分离的。为了解决数字信任的问题，电脑会请人填写问卷。有些网友根本不会花时间做这件事，有些人认为这些调查没有任何意义，因为他们总问些奇怪的问题，似乎想要窥探个人隐私，以便能够提供更好的建议。

I LIVE IN THE FUTURE
& HERE'S HOW IT WORKS

**未来探测**

在一项由目前在西北大学工作的蒂莫西·比克莫尔（Timothy Bickmore）和贾斯廷·卡斯尔（Justine Cassell）所做的研究中，他们曾试图让电脑与人进行“闲聊”，以提升电脑在房地产界的信任感。他们启用了一位名为“雷”的虚拟房地产经纪人，然后一场滑稽戏谑的对话开始了：“我为我的声音向您致歉，这是某些自以为是的工程师搞的，他们觉得这样听起来比较自然。”插科打诨一阵后，雷开始询问更明确的问题，如“你预付款的方案是什么样的？”和“你想要有几个房间的房子？”

你可能以为客户会因为和雷的对话，而对于信任机器一事感到比较舒坦，可卡斯尔和比克莫尔发现结果与此有些出入。闲聊对自认为外向的人来说比较有用，他们会认为这台机器更值得信任，甚至还很享受这种对话体验。相比之下，自认内向者希望能直接切入购房问题，闲谈只会让他们觉得很烦，反而降低对雷的信任。人可以区分谈话对象是内向还是外向，电脑可做不到，而目前设计出的对话还是一体适用的。

作家B.J.福格在斯坦福大学创办了“说服力技术实验室”（Persuasive Technology Lab），来研究人脑与电脑的互动以及我们如何对机器产生信任。网站建成没多久，福格就一直在探索信任和机器的问题。他认为这当中牵涉的不只是信任，还有可信度（credibility）。福格和他的研究伙伴曾香（Hsiang Tseng）发现，在电脑问世初期，“公众认为电脑几乎不会出错”。但是这种对电脑可信度的假想很快就开始消失。福格指出，在各种状况下，可信度都是由各种不同要素构成的，包括互动的品质、信任、专业知识、无偏见、知识和经验。可信度在本质上是多层次的。另外，因为人是通过屏幕与电脑互动的，这就使可信度的建立更富挑战性。

当人们建立个人网页时，福格和他的团队想了解网友如何决定这些网页的可信度、是否会信任其中的内容。由于网站在当时是个全新的概念，也是呈现信息的新途径，因此一开始没有太多资料可供研究。福格进行了一项“大规模可信度研究”，他让人看不同的网站，有的设计得很好，有的设计得很差，结果发现“最大因素在于网页设计的好坏。若是看起来很不错，人们通常假定其中的信息是可信的，而且这一点在人们决定信息是否可信时，具有举足轻重的影响”。

我向世界知名设计师和网站易用性专家雅各布·尼尔森（Jakob Nielsen）

请教，为何精心设计的网站会让人感到更舒适，他表示，有许多思考过程都与舒适感和熟悉度有关。“想想以前的银行，”他说，“当你走进这些机构，在大厅中央会看到一些巨大的大理石雕像，这是为了唤起权力、实力和信心，让你相信这家机构会好好照顾你的钱。”网络世界也是如此，良好的网页设计会带来同样的信任感。尼尔森解释道，标志或电话号码这类小东西，或是清爽、设计良好的字体，会让人产生熟悉感，觉得这跟现实世界很相似。

福格的研究清楚地显示了重点不在于谁提供信息给我们，而是我们根据美感而接收到的影响力和真实性。或者，正如母亲总是一再指出的：我们常常根据一本书的封面来判断其内容好坏。

我问福格，信任如何随着新的电脑时代，以及我们既有的社会网络发生变化。他解释道，在未来的世界中，不仅信任的概念有别于以往，在新的设定环境中，就连这个词的使用都变得很困难。他举了一个例子：“一方面，信任可能意味着‘可靠’，假设我要在这座桥上高空弹跳，我会相信这条弹跳用的绳索安全可靠，一如我所预期的。这和对其他事物的信任是不同的。对信息或信息来源的信任越来越倾向于可信度……它们是不一样的。”尽管确实有重叠之处。

我的意思是，我们相信电脑能够正常运作，不会在按下电源键时爆炸。但我们是否相信它们能够保护我们的隐私、保管我们的钱财或维护个人的信息安全，甚至带领我们找到正确的信息，是另一回事。他指出，在寻找正确的信息或意见时，人们通常不会去询问电脑，今天你所获得的信息，“越来越多的来自朋友和你的社交网络。这是通过信任的渠道才得以流传的，信任的出现不是因为信息来自 BBC 或《纽约时报》，而是因为人”。

在福格眼中，网页要赏心悦目，而且要易于浏览与查询，才有用处。他说现在重要的是："谁说了什么。如果我不认识这个人，我会看他有多少粉丝？倘若我认识，那么该网页的可信度会急剧攀升，无论其设计、名声甚至内容为何。"

这并不是说，设计的好坏不重要，而是因为现在有人的因素牵扯进来。事实上，他人的想法与作法一直都有影响力，这一点在新世界里还是不会改变，只是形式不同而已。

那电脑呢？难道我们不用担心它们是否值得信任？现在，这当中的区别还相对明显，所以我们有机会决定是要和电脑的算法互动、信任它们，还是选择相信人。但这个选择将会改变。以维基百科网站为例，这是任何人都可以进行编辑的线上百科全书。该网站以数百个"软件机器人"（software bots）来监测网站上的一切动作，包括新网页的建立或现有文章被大幅修改的状况。若机器人侦测到异常状况（程序设计好让它们去寻找的），那它们会自动进入该网页，解决这个问题。在维基百科中有几十万处资料的变动是由这些机器人依电脑算法进行的，而且看起来和真人编辑的没什么明显差别。

**媒体变革**

I LIVE IN THE FUTURE & HERE'S HOW IT WORKS

随着软件和电脑变得更智能，我们开始信任它们，会慢慢把它们加进我们的信托市场和锚定社群中，这主要是基于它们的可靠性和可信度。就像现在可以在自动提款机和银行收银员之间做选择一样，我们将有更多的选择。而且一如既往，我们对便利的贪图到最后还是会胜过我们的恐惧感。

不过，对这一切还是有一件事要提防：隐私。

显然，我们加入的网络和社群让我们能够分享任何东西，从一则新闻快报到日常生活的喜怒哀乐。尽管我们比以往更习惯在网上说长道短，但我们的隐私，或是我们掌控它的能力，还是和以往一样重要。

看看 Facebook 这个社交网站，就会明白这一点有多重要。Facebook 会定期更改隐私条款，并在其网站上改变隐私设定，这已是公开的秘密（无论是在媒体上，还是它的数百万用户间），特别是每次它要在网站上增加新功能时。因此，2010 年年初，该公司再次改变隐私条款与设定，在上亿用户尚未完全理解前，就自动过滤他们的信息，并且连接到网络上，这自然引起一阵紧张及反弹。

虽然这是 Facebook 的一片好意，想要为它的用户打造更好的网络社交体验，将他们的个人信息与朋友和家人连接，在网络上创造一个个性化的社交网络，但它操作的方式却弄巧成拙。我就完全不想要这样的新功能，因为我不知道这会对我的个人信息产生什么影响，即便它那时提供的网页浏览体验相当吸引人。

我们在网络上的分享以及我们所认定的隐私，会随着我们愿意让其加入的成员以及我们信任的对象而变动。在网络社交圈里成长的这一代，习惯与他们的朋友公开分享，但并不包括他们不认识的普通大众。若 Facebook 当初在公开透明、可以掌控的情况下推出这项新的个性化功能，让我了解我的动作只有我的网络社群才看得到，我就会完全接受它，但我实在没办法在公众的目光下分享和参与，毕竟我对这群公众一无所知。

## 不断变化的社交网络如何改变我们

现在我们已经知道新的锚定社群如何运作，以及我们如何对他们产生信任感。接下来，我们将要探讨他们如何引导你，以及你如何带领他们走向新的方向。

用科学术语来说，一群人会通过“群逻辑”（swarm logic）来互相帮助。也就是说，一个松散、无组织的群体可以一起攻克或是解决问题，无论是狩猎食物、躲避天敌，还是寻找和共享信息。

这个概念的另一项要点是“群体智慧”（swarm intelligence）——这是由电脑科学家赫拉尔·贝尼（Gerardo Beni）提出来的。在此理论中，他认为一个群体可以有意识地，但更多时候是在不知不觉中，联合起来解决庞大而难以管理的问题。群的概念已被用于解释电脑、机器人、动物与生物，目前也开始用于在线社交网络。但直到最近，我们还是不清楚这是如何运作的，特别是在领导的层面。

在包装信息内容的时代，信息的领导者就是讲述故事的人，即书籍作者和报社，以及那些有门路进入印刷厂的幸运儿。现在，销售渠道已经没那么重要，任何人只要有适当的设备，都可以成为讲述故事的人。

但在一个网络上的社交环境中，由谁来引导这个团体？如果每个人都自顾自地创造自己的社群，那信息内容的传送岂非一团混乱？还是说，就连线上的社交网络都存在领导者？我们会在不知不觉中发展出自己的群，以协助我们消化信息内容吗？

我们在网络上的行为是非常有组织的，就像是物种的行为模式一般。要想明白这一点，可以看看目前对鱼群游动方式的了解。

2008 年，悉尼大学的研究员阿什莉·沃德（Ashley Ward）和其研究团队，以及利兹大学（University of Leeds）的詹斯·克劳斯（Jens Krause）分析了鱼群是如何通过团体领导来导航的。

沃德和一组生物学家“征用”了一群在游动时经常会形成大型群体的小刺鱼，并在实验室打造了一个模拟情境，还把机器鱼放在其中。他们将鱼放在一个狭长的水道内，并设置了两条不同的途径，让它们从一端游到另一端。研究人员在右边的路径放了被他们称为“掠食者”的鱼，这是为了恐吓与阻止小鱼选择这条路线；而左边的路径则是开放无障碍的，是一条“安全路线”。当研究人员将一条小鱼放入水中后，它会立即游过安全路线，尽可能避免与掠食者接触。但当他们放进机器鱼时，这条小鱼会一直遵循机器鱼的路线，即便它选择掠食者所在的路线。这让研究人员相信，鱼会因为其他鱼选择这一条路而跟随其后，即便走入险境。

为了测试这一点，他们放入两条小鱼，然后设定机器鱼往掠食者所在的路线游去。这一次，两条小鱼合起来选择左边的安全路线。显然，领导力是由数量所决定的。

最后，研究人员放入两条以上的机器鱼往掠食者路线游去，这一次，不管有多少条小鱼，它们都始终跟着机器鱼的方向。这让沃德和克劳斯认为，群的决定，是根据他们所谓的“群体反应”（quorum responses）理论而做出的。

克劳斯解释，在小团体中，任何一条鱼都可以当老大。但当更多元素开始加入到群体中时，就需要更多的领导人来决定方向。具体来说，若是有 4 条以上的鱼，只能由两条鱼来领导整个鱼群。再增加一条机器鱼，对鱼群游动的方向完全没有影响，两条就足够决定方向。克劳斯解释，即使为数甚小，也能启动群体智慧。

“从众性与不计代价跟随领导者的习性，在从鱼类、羊到人类的社会性动物中，发挥了极大的影响力。”沃德在一份讨论群逻辑的研究报告中写道。

在2008年年底发表这篇文章后，一家德国电视台找到克劳斯，问他是否有兴趣协助他们看看这套理论是否适用于人群寻求信息的行为。他同意了。

身为生物学家，克劳斯花了20年的时间，试图破解各种动物和群体的集体行为、群体智慧与社会网络。他的研究主要着眼于这些群是如何产生领导的，并试图解释成千上万的个体是如何组织起来，而且可以如此从容优雅地共享信息的。

他带着摄制小组、研究小组驱车前往德国科隆，在那里招募了200名志愿者，并在一间大型会议中心设置测试设备。他们的基本目标是“看看是否有可能领导一群不知道自己被领导的人”。这项研究一开始是将志愿者带到8 400平方米的大厅，请他们不要互相交谈，但可在大厅内往任何方向移动，只要遵循两个简单的规则：第一，请他们按照平常的速度行走，不要太快，也不要太慢；第二，要求他们和其他人保持在一个手臂长的距离内。这样的要求可以在团体保持一定的凝聚力。

这项试验的影片显示出两种不同的模式。首先，当让一大群人自由闲晃（仍遵循着这两项基本规则）时，即使没有任何领导，也会形成两个同心圆。研究人员每次进行这项测试，都会出现这种情况。团体会自组织，朝向一个有凝聚力的方向，而不是任意分散在整个空间。记住，没有人在领导这些志愿者，告诉他们要往特定方向行走。不过，他们就是会形成某种组织。

接着，研究人员偷偷要求一定比例的人往特定方向走，朝着地板上标有“X”的地方移动。他们告知选择组的这批人要做到这一点，但同时还要遵守正常走动以及与他人保持在一个手臂长的距离内的两项基本规则。被要求走向标识的这些志愿者完全不知道团体中其他人的行动，也不知道还有其他人也被要求走向标识。这项测试带来第二项发现，也就是众所周知的“5%规则”。当要求走向具体目标的这一小批人的数量在5%以上时，整个群体才会跟随他们。若研究人员只对该团体中2.5%的人说要往标识走去，最后只有那一小批人到达那里，其他97.5%的人不会和他们一起过去。其余志愿者会设法留在同心圆中，而不会跟着那些人去寻找地板上的X标识。但是当研究人员将人数增加到5%以上时，这200人全部都会跟着做，最终每个人都走向标识。

在接受采访时，克劳斯解释道，那一群人的目标不只是漫游，还要走向标识，并且留在团体里。它变成了一个“自组织的过程，因为没有人知道这个团体为何集结起来，也不知道大家知道什么事。每个人都只是依循自己的路径，但结果我们看到朝向标识的集体运动”。

不论是5%、10%还是高达50%的比例，这一理论都适用，人群都会往一个方向走去。只要有5%以上的人有意或无意地带路，整群人最终都会到达标识处。

在分享掠食者和食物信息时，“5%规则”变得越来越重要。在网络上，既没有天敌也不用觅食，我们只是要一同避免糟糕、错误或无用的内容，寻求优质的信息。克劳斯认为，这些测验表明，在一个团体里，当“少数人，或一群人当中的一小部分接收到别人不知道的信息时，他们就会发挥非比寻常的影响力”。当把这些结果套用在我们的网络体验上时，你就会明白，任何人，不论其背景或专业知识，都可以在他的社群中成为具有影响力的人。

克劳斯认为，当我们都能够共享信息时，信息的分享就会变得完全平等。当你在某个时刻掌握到独家信息时，就会成为那个团体的临时领导人，亦有能力去影响这群人的移动和形成。

还有另外一个重要因素会影响共享和领导位置的交替。就跟这些在现实生活中所做的研究一样，正向回馈在网络上发挥着关键作用。克劳斯说："一个人做的东西若被复制，并且有越来越多人复制，他人产生群起而效尤的冲动就越强。"试想一群在空中飞来飞去的昆虫，或是游动的鱼群，甚至是那些在德国测试场中的人群，他们在团体领导者改变与搜集新信息后，都会在从容移动间组成一个圆形图案。

同样的事也可能发生在我们网络信息的共享与运用上。任何人都可以找到一些有趣的信息，并将其发送到他的社群中，若这信息具有启发性和吸引力，他们又会将它分享给他们的社群。大批信息搜寻者都往网络上的 X 标识移动，随后，这样的模式会周而复始。

> 倘若这消息真有这么重要，它就会找到我。
>
> 一位大学生解释他在他的关注团体中获知新闻的习惯

难道我们的行为和无聊的鱼群真的没有差别吗？任何一个有 5% 帮手的人都可以改变整个网络社群吗？会不会有有心人士在一个网络中招募了几百人，就为了驱使你点击一个链接？

幸好这种事并没有发生，因为在现实网络世界中，我们并没有被锁在一个大厅里，必须和别人保持一个手臂内的距离。我们所建立的社群都是自己专属的。举例来说，你是你锚定社群的女王蜂，是筛选你最想要的信息的人；但是你也属于一个社会网络，也会成为别人巢中的工蜂。既然没有两个社群完全一样，要控制整个团体就变得非常困难，而且几乎是不可能的。

在大多数情况下，你不会真正带领这个团体。你只是信息分享的一部分，停泊在一个群体智慧中。你可以决定将谁加入到你的网络、是否接受朋友的要求，或是追踪某个人在网络上的作为，但是你无法控制他们在网络上的分享与使用。你只能决定是否要关注他们。

你也不必寻求与社群中其他人找到相同信息。你所查询和感兴趣的信息渠道不会和我的一样。若是萨姆·H和其他我在“Foursquare”的网友开始对一个新餐厅狂热起来，我大概会去那里瞧瞧。如果有几个Twitter上的朋友发来一则重要报道或分享突发新闻，我也会看看。我的锚定社群将带给我信息或他们的发现，帮助我整理、筛选和传播生活中不断变化的信息与体验。

I LIVE IN THE FUTURE & HERE'S HOW IT WORKS

**未来探测**

2010年4月，韩国高等科学技术研究院的电脑科学系发表了他们为期一年的研究，研究人员借助Twitter这一社交网络来探讨社会新闻的搜集与进一步传播的理论。

2009年7月，研究人员设置了20台电脑来读取Twitter上分享的每则信息：每一次推文与转推、追踪者的数量等。在研究人员搜集到的资料中，他们一共取得了4 170万笔用户资料、14亿社交关系、4 262个热门话题以及1.06亿的推文。

他们到底在这个数据宝库中找到了什么？ Twitter上的主要谈话

都与新闻和信息分享有关。综观此期间 Twitter 的热门话题，研究人员发现，超过 85% 的热门话题是头条新闻或是一些具有新闻特质的事件。他们还发现，无论一个用户的粉丝有多少，平均来看，在 Twitter 上，被转推的一篇文章通常会发给 1 000 个用户。

在真实生活中，信息内容是如何在这些锚定社群间传播开来的，我们可以从位于马萨诸塞州剑桥市微软实验室的研发人员吉拉德·洛坦（Gilad Lotan）所实施的研究计划中一窥究竟。

2009 年 6 月，网络上轰轰烈烈地讨论着伊朗革命。《国家》（*The Nation*）杂志写道："忘了 CNN 或其他美国主要新闻网吧。若你想知道最新的伊朗反对派抗议活动，应该去看博客，看 You Tube 或 Twitter 上从德黑兰传来的更新。"

在这场网络革命发生时，洛坦设置了一个工具来监测 Twitter 上的消息是如何传播的，他把这项计划恰如其分地称为"转推革命"（ReTweet Revolution）。6 月时，他监测 Twitter 的使用超过 10 天，那时伊朗因为总统选举舞弊而暴动频发。洛坦从 23 万篇推文中筛选出 372 条报道伊朗各地抗议活动的不同信息。由于当时伊朗政府试图压制网络上信息的传播，许多网站都关闭了，因此只能通过少数人的 Twitter 将消息带出伊朗。其中一位是在社交网络上自称"德黑兰当局"的学生。洛坦表示，抗议活动开始时，这些 Twitter 用户极少。但当全球各地的人因为转推而彼此分享这些新闻时，上万人在最后看到了这些消息。这反过来影响了主流媒体报道，而这种情况在此之前非常罕见。

这种类似群的行为不仅传播了新闻，也让我不再对信息过多或可能错失某些信息感到恐惧。当我锚定社群里的成员推荐我购买某些产品时，我会相信他们的推荐，因为这是我自己选择的社交网络，而且我已经剔除了那些我不相信的电脑或个人。我相信，在某些地方，我也从别人的信托市场中被剔除了。

这种在线运用信息和故事讲述的新方式，对于那些创造平庸内容和千篇一律故事的个人或公司来说，可不是个好兆头。新的观点是：这个信息如果不好或不重要，本团体就不会进行分享。此外，内容是谁创造的已不再重要，若它不能满足我们的需求，就不会在我们的信息食物链中被分享，或筛出什么好东西来。

2008 年美国总统大选时，《纽约时报》的记者布莱恩·斯特尔特（Brian Stelter）发现，25 岁以下的年轻人群倾向于用电子邮件或其他社交渠道来和朋友分享政治新闻。他们为朋友提供新闻和消息，也非常依赖他们的朋友这样做。他们不需要看遍所有的报刊杂志，来寻找意想不到的故事或找出重要信息，他们的朋友会为他们这样做。他们使用这些锚定社群——个人公共的社交圈、家人、新闻媒体、博客以及随机碰到的陌生人（例如萨姆·H），来分享和传播信息。

这就是我今天在信息世界中导航的方式。若信息是重要的，它就会找到我。

玛丽亚·波波娃（Maria Popova）创立了 Brain Pickings 这一博客，寻找网络上好玩和有趣的花絮。她戏称自己是文化馆长，寻找博客、网站和 Twitter 上有趣的文化信息，然后和她成千上万的陌生粉丝分享，让这些信息在她的网站里与 Twitter 上不断流通，去芜存菁之后得到精华，她称这个过程为“控制中的意外收获”（Controlled serendipity）：“我是彻底搜寻一切后才有这些意外发现的。”她说，“基本上这可以算是一种‘后设策划’（metacuration）——策划骨干，但让其触角自由移动。这是我学到要获得新发现的最佳方式。”

就跟色情片一样，不论是在豪华的工作室拍摄，还是在自己的卧室里靠一个网络摄影机制作，只要内容好，就会出现在网页最顶端，会有特定的社群和群体智慧帮忙推它上去。我们所信赖的社群会帮我们过滤迎面而来的信息、观点、见解、新闻和评论，让我们不会觉得不知所措，也不会如坐针毡。

**媒体变革**

I LIVE IN THE FUTURE & HERE'S HOW IT WORKS

站在这些社会网络的外边，想要弄清楚它们代表什么、这些网络体验是否是有目的，任务可能非常艰巨。我完全能够理解并同情乔治·帕克等人的惶恐，以及他们对于要在每天有限的时间内处理已经过多的信息的忧心。我也曾经如此，但在这一过程中发生了些许转变。我相信在我所信任的锚定社群引导下，我不致陷入信息地狱，沦落到连喘息空间都没有的地步。相反，值得信赖的锚定社群将帮助你筛选和浏览一个更大的世界，让你大开眼界，见识到从前不可能见识的。你唯一要做的，就是让你的大脑接触到这样的可能性。

I
LIVE
IN
THE FUTURE
&
HERE'S
HOW
IT WORKS

# 05 当外科医生玩起电子游戏

## 新刺激让大脑更强大

---

在做爱后，男性想要上网发推文或更新状态的比例是女性的两倍。

## 这一次，我们真的要下地狱了

2008年夏天，为《大西洋月刊》（*The Atlantic*）撰文的作家尼古拉斯·卡尔（Nicholas Carr）发觉自己的大脑好像渐渐地滑出港湾，顺流而去。过去，“要将自己沉浸在一本书或长篇文章中很容易。”他写道。

现在不一样了。“只看了两三页，我的注意力就开始涣散。我变得烦躁，没有头绪，开始想找别的事做。”他说，“我觉得好像每次都得拖着我任性的大脑，回到文章里。”

他认为症结出在网络，特别是谷歌上。在一篇后来收录于《浅薄：互联网如何毒化了我们的大脑》（*The Shallows:What the Internet Is Doing to Our Brains*）一书，名为《谷歌让我们变笨了吗？》（*Is Google Making Us Stupid*？）的文章中，他对当前大量碎片信息滑过我们指尖一事感到烦恼不已，认为这可能会削弱我们的集中力和思考力。

这样的想法，你不觉得似曾相识吗？

平心而论，卡尔承认这就好像印刷术影响到书写能力一样。而即使一些过去的预言成真，例如，印刷术确实颠覆了宗教权威，但印刷所带来的诸多好处却远超过这些忧虑。于是，他承认他可能错怪了网络，“智能发现和知识普及的黄金年代”可能随着当今网络世界上的文字、推文、字节和符号而到来。但他仍然担心在网络提供的信息洪流中，人们会永远丧失深度思考和认真反思的能力。

虽然卡尔对未来持宿命论的观点，但他那观点平衡且深入研究的文章依旧提供了全面的看法。大多数怀疑这种转变的人并没有做出像他这样的反省。《旧金山纪事报》（*San Francisco Chronicle*）刊登了一篇文章，标题是《高科技可能让大脑重组丧失注意力》（*Attention Loss Feared as High-Tech Rewires Brain*）。该文作者班尼·伊万格丽斯塔（Benny Evangelista）引用了一些心理健康专家的观察，他们发现，有越来越多的人察觉出自己无法停止使用电子邮件、Facebook 和 Twitter，并因此破坏了人际关系；另外，注意力缺陷障碍的患者人数也增加了。

注意力流失的程度到底有多严重？无法将自己从电子更新状态抽离的情况已经从办公室蔓延到餐馆、汽车，甚至是卧室里。那篇报道引述了一项调查，35 岁以下的年轻人中，有 36% 的人在做爱后会想用 Facebook 或 Twitter。那篇文章提到：“在做爱后，男性想要发推文或更新状态的比例是女性的两倍。”委托进行这份调查的一位首席执行官说：“这是新的香烟。”

其他的新闻报道和书籍则一个接一个地对这些新科技可能会毁了我们、损害我们的智慧、破坏我们面对面交谈的能力，最后对孩子和成人造成根本的改变，表达出焦虑。《纽约时报》的一则报道直接以《反社交网络？》（*Antisocial Networking*？）为题，质疑上网时间是否会破坏亲密感，破坏人与人之间互谅互让的自然关系。CNN 网站则以斗大的标题《科学家警告 Twitter 有危险》来说明研究人员发现“Twitter 这类社交网络工具，可能会麻痹我们的道德感，让我们对人类的苦难无动于衷”。还有一大堆书籍在一旁火上浇油，例如《最蠢的一代：数字时代如何让美国年轻人变笨并危害到我们的未来》（*The Dumbest Generation*）和《分心：受到侵蚀的注意力和黑暗时代的来临》（*Distracted*）。

还不只如此。最近有一篇名为《电子邮件“对智商的损害比大麻还严重”》的研究报告经常被人引用。这份报告调查了1 000多名英国人，发现那些同时接收信息和工作的人智商会降低10%，这比吸食大麻后下跌的要高出两倍多。

我在一场接一场的演讲和会议上，不断听到这几十年来新科技发展所造成的这类恐惧与焦虑：我们的大脑不是设计来处理这样快节奏的东西的。如此一来，我们无法集中精神做出有意义和细致的工作。与此同时，还有人告诉我，我们的娱乐也变得危险有害，电子游戏会破坏孩子的大脑和人际关系——如果Twitter和Facebook没有先破坏它的话；我们不能同时进行多项工作，或在电子邮件、写作与视频之间来回跳跃——我们永远都做不到这一点。

**媒体变革**

I LIVE IN THE FUTURE & HERE'S HOW IT WORKS

这些说法多少有些道理与真实性，当这一切结束，我们很可能会发生根本的改变。但我认为这些想法大多是无稽之谈。正如过去善意的科学家和消费者所担心的，火车、漫画书和电视会让我们的大脑腐烂、破坏我们的大脑一样，我相信今天多数的怀疑论者和忧心人士都缺少大局意识，没有看到快速获得新知带给我们的更大价值。在大多数情况下，我们的大脑会以建设性的方式适应这一新的网络世界，正如我们建立了网络社群来帮助我们整理信息一般。

为什么我会相信这一点呢？因为人类早已学会了如何做这么多事情，包括学习如何阅读。

> 我们不是生来就会阅读的。
>
> **玛丽安娜·沃尔夫（Maryanne Wolf）**
> 《普鲁斯特与乌贼》(*Proust and the Squid*)

有人说，我们的大脑不是用来解读电脑屏幕上的信息、玩电子游戏，或消化实时信息的。但是，同样的论点也应适用于现在所阅读的文字。这是真的：大脑不是设计用来阅读的。数千年前，有人创造出符号，最终形成字母系统。这些字母又形成文字，还出现一套独特的规则。因此，人类大脑组织发生了巨大变化。但是，人类的大脑并非生来就具备读取这些符号的能力。它们是每次大脑重新构建神经回路时产生的。我们的大脑是被设计成用语言来沟通与讲述故事的，无论是热带雨林里土著部落间用舌头的啧啧声，还是用英语这种语言。但是字母和文字的阅读基本上算是人工产物，就像电子游戏和电脑屏幕。

即使到了今天，孩子学习字母并将它们组成句子，甚至是了不起的想法时，他们的大脑还是在进行重组的动作，要重新适应，才能理解信息。

法兰西学院（College de France）认知神经系主任斯坦尼斯·德阿纳（Stanislas Dehaene）一生都在钻研我们的大脑如何学习阅读和算数。他解释道，人类的大脑比较适合用来进行口语交流。一岁时，婴儿开始学到一些词汇与字音，这仅仅是从旁听来的。当然，他们需要一些帮助让他们确知水杯就是水杯，妈妈就是妈妈。但到了两岁，大多数孩子都能在没有上过特殊课程或训练的情况下开始说话，也叫得出东西的名称。

阅读就不一样了。大多数孩子，即使每天晚上听着父母朗读的故事，也不会就这样学会自己阅读。他们必须学会分辨一个一个的字母，把它们汇集成声音或单词，然后才能阅读整个句子、了解其中的想法。他们必须学会解码符号。

有些研究推测，在阅读过程中，儿童，甚至成年人在大脑中开发了一个新区域。研究认知、脑与语言的巴斯克中心（Basque Center）的曼努埃尔·卡雷艾拉（Manuel Carreiras）已经将语言方面的研究拓展到其他复杂的领域。

I LIVE IN THE FUTURE & HERE'S HOW IT WORKS

**未来探测**

多年来，卡雷艾拉一直在研究人类语言的神经过程，以及人类在阅读与解读手语等符号语言时所产生的不同理解方式。他希望更深入地理解人们是如何学习阅读的，于是决定寻找成人文盲，看看他们的大脑在学习阅读前后的适应方式。

起初，卡雷艾拉很难找到一组完全不会阅读的成年人，但最后，他招募到 42 位前往哥伦比亚打游击战的老兵。其中有 20 名老兵最近才完成西班牙扫盲培训计划，学会阅读。其余老兵还没参加这项课程，而且大部分是文盲。学习阅读前，他为这些老兵进行检查测试，在学习阅读后再检查一次。结果发现在这个过程中，大脑的区域确实有所增长，形成之前没有的神经连接。在老兵学会阅读后，大脑也改头换面。

卡雷艾拉发现，在适当学习阅读后，大脑会改变其结构，白质区尤为特别，因为这里会创造出有利于信息在大脑不同区域之间移动的链接。他解释道："我们发现，识字组被试的胼胝体压部（splenium）有较多的白质……这个结构连接大脑的左右半球。文盲组被试的白质则较少。"在游击队老兵学会阅读后，科学家用影像技术来观察大脑发生了什么事。他们看到，在整个研究过程中，阅读使得同一区域的大脑功能逐渐成熟。换言之，就算是成年人，也能够在学习到难度高的新技能后创造出新的神经传导路径。

这个例子告诉我们，大脑就像肌肉一样，在练习与工作后可以变得更为强大、更有威力。今日，当我们的大脑解读信息内容和接受刺激时，科技也在打造新的连接。在使用电脑、手机和电子阅读器时，我们的大脑会不断地反复发生简单的改变。我们的大脑正在学习如何浏览这些小工具，就像我们学习阅读时的情况一样。

这个谜题中有一个重点，我们的大脑并不会因为使用电脑和数字技术而演化。人类的演化速度很慢，远低于我们发明和创造的沟通机制和新科技。一些神经科学家跟我解释，一个五百年前，甚至一万年前的大脑，和目前人类的大脑看起来几乎没有什么差别，这就跟人类的外貌看起来和几千年前并无二致是同样的道理。

为了说明这一点，假设我们现在回到 2 000 年前，找到一个新生儿，将这个孩子放进时光机，带他回到今日。这个孩子将会在充满科技的社会被抚养长大，和 iPod、电子游戏、网络、手机、全球定位系统、艾蒙（Elmo）机器人玩偶①、网页广告等一起成长。我问了几位神经学家，若是这个婴儿出生在 2 000 多年前，他在今天的成长情况和出生在现代的孩子会不会不同？我得到一个肯定的回答：“不会。”他们说一个 2 000 多年前出生的新生儿的大脑，无论是外观还是功能都与现在孩子的大脑完全一样。

① 美国《芝麻街》节目中的一只玩偶，后经改造为结合了高科技电子产品与机器人的新玩偶。——编者注

但你若从2 000年前带回来一个成人，假设他30岁，然后把他丢在时代广场。那他很可能会因为来往的人群、车辆、闪烁的灯光和刺激而感到惊恐。但是神经科学家说，他的大脑会开始适应。他可能没有机会发展到一边说话一边发短信的程度，但大量研究显示，我们的大脑约在两个星期内就能相对适应这种情况，在某些情况下，甚至只须7天。我们2 000岁的男人会平安无事——只要训练好大脑，他就可以适应社会和新刺激，而且没有你想象中那么困难。

那我们了不起的大脑究竟是如何适应的呢？

I LIVE IN THE FUTURE
& HERE'S HOW IT WORKS

### 未来探测

2008年，一群加州大学洛杉矶分校塞梅尔神经科学与人类行为研究所的神经学研究员研究了24位志愿者在阅读书籍或上网时的大脑活动，想看看上网是否会重组大脑运作的方式。

他们将这些志愿者依照使用电脑和网络的情况分组。12名分在“网络菜鸟”（Net Naive）组，因为他们每月最多使用一次网络或电脑，而且对自己科技知识的评分属于低得几乎无知的等级。另外12位则属于“网络达人”（Net Savvy）组。这一组每天至少使用一次电脑，而且几乎整天挂在网上。他们认为自己对电脑和网络的理解属于中等至专家等级。

研究人员让志愿者看不同类型的内容，同时利用功能性核磁共振成像扫描仪来监测他们的大脑活动。那是一台能让被试看屏幕或执行某些任务，并同时扫描、记录他们脑部血液流动以及大脑如何处理这项过程的专用设备。

首先，他们让志愿者看一本书的目录，给他们15秒挑选想读的章节。然后有 30 秒的时间读一页。接下来，让同一位被试看谷歌的搜索页面，要他在 15 秒内决定要搜索的，并且在搜索框中输入一个单词。显示结果会将他们带到一个他们所搜索的网站，然后给他们 30 秒浏览网页。为了确保他们注意力集中，会先告知他们将要就所阅读的书籍和网页内容回答问题。

阅读书本内容时，“网络菜鸟”和“网络达人”两组的大脑有相同的反应方式。这些大脑受到轻微的刺激，不过网络达人组的大脑活跃度较低。但在进行网络搜索和网页阅读时，达人组的大脑变得活跃许多。事实上，达人组大脑的活动在上网时几乎是读书时的两倍。执行阅读任务时，大脑用于语言和阅读、记忆和视觉能力的部分会受到刺激。相比之下，执行网上浏览任务时，除了刺激同一阅读区外，还会活化大脑进行决策、复杂推理和视觉侦测的区域。

更耐人寻味的是，这群志愿者并不是大脑可塑性高的儿童，而是一群介于 55～76 岁的数字移民——他们或多或少都成功地适应了网络世界。他们 30 好几、40 出头甚至 50 几岁时，网络才出现在他们的生活中，而这群网络达人的大脑因新刺激的出现而重新部署，及时采取行动。

在这些人大脑中所发生的一切被称为“神经可塑性”，这个理论认为，我们大脑中的 100 亿个神经元或神经细胞，会随着我们的学习与成长重新成形，或建立新细胞与新连接。

我们日常从事的许多新活动都可以做到这一点，从第一次摸到什么是烫的东西，到使用网络，甚至是杂耍，而这正是德国雷根斯堡大学神经学系的波格丹·德拉冈斯基（Bogdan Draganski）和其他一些科学家所发现的。

德拉冈斯基以过去的大脑研究为基础提出一个假设，推测我们的大脑在学习新东西时，必定会以不同的方式运作。看到一群孩子以惊人的速度用手机发短信后，他想知道若是一天发出数百条短信，是否会让人的拇指产生不同的运作方式。他推断这些人的大脑和发短信相关的区域应该会和很少发短信的人不同。

I LIVE IN THE FUTURE
& HERE'S HOW IT WORKS

**未来探测**

为了进一步探讨这个理论，德拉冈斯基在电话采访中告诉我，他获得扫描一小群年轻人大脑的许可。初步结果显示，习惯发大量短信的群体的大脑控制右手的区域比较大，但其他区域则与他之前研究过的正常大脑一样。德拉冈斯基认为，这一块变大的区域极有可能是打字使得右手使用量提高所致。他原本的目标是要了解大脑是否会随着越来越多的孩子学习发短信而成长。但是，他在接受采访时说，时下已经有这么多年轻人熟悉发短信了，因此他决定改用另一项任务“杂耍”来测试，而且这会产生明确且陡峭的学习曲线。

德拉冈斯基与其研究小组找来一组从来没有玩过杂耍的被试，让他们学习抛接 3 颗球，接着是 4 颗球，并且测量他们大脑的灰质和神经元。正如德拉冈斯基所预测的，他看到某些区域的灰质有显著的增长。大脑的运动区域在 3 个月的学习期间一直增长。但当被试停止杂耍后，他们的灰质开始消退，最后变回原来的大小和形状。

另一组研究人员在不同的研究中发现，学习一项全新任务时，只要练习 7 天，就可以见到大脑形状的变化。

2009 年年底，加州大学洛杉矶分校的研究人员也进行了一项研究来测试这些理论，结果发现，网络菜鸟是可以赶上网络达人的。在网络菜鸟反复上网超过一周后，大脑扫描显示，他们也开始适应网络世界，而且大脑的反应和网络达人的非常类似。他们的大脑在阅读网页时也开始出现比阅读纸张时活跃两倍的情况。

塞梅尔神经科学与人类行为研究所的盖瑞·斯默尔（Gary Small）是全美知名的记忆和老化研究专家，也是这项研究的主要领导人。他表示，这些大脑都在学习，并从实践和经验中获益。斯默尔说，理论上，我们学习时大脑的活动应该减少。例如，当我们有了新手机，需要花一段时间才能弄清楚所有隐藏于其中的功能。他说："起初，我的大脑会显现出大量的活动。"但等习惯了这样的经验、能够灵活运用这个设备后，大脑的活动应该会放慢。他认为在这时候，大脑的"突触……会成长与增强，变得更有效率"，应该要减少大脑的活动。

但这些数字浏览者的大脑却并非如此。相反，他的研究发现，我们的大脑在网络上阅读时展现出和阅读书籍全然不同的模式，在网络上需要根据每个网页上的许多选项、目录、照片、文字和链接做决定。事实上，第一项研究得到的结论是："网络搜索似乎比阅读更能刺激大脑。"

## 内容的数字变形

为什么上网时大脑会一直这么忙碌？

线上体验并不简单也无法掌控，它就像是狂野的大西部。光是客户端的界面就足以让你想要赶忙重拾读书的舒适。屏幕上的每个角落都想要捕捉你的目光。你的网页浏览器有许多按钮，有回到上一页、重新载入，还有一个明亮的红色停止按钮，它们仿佛都在尖叫："嘿，看我！"你的电脑屏幕上可能还有许多其他窗口，你的桌面可能是你家猫咪的相片，或是一个可爱的宝宝。

此外，还有真正的网页，其中包括显眼的弹窗广告、搜索框、标志，以及彩色的文字，显示出其他网页的链接，带你去更多的网页。一天中，你可能会去逛几个新闻网站，看一两个博客，看看天气预报，在谷歌上寻找一些问题的答案，到亚马逊网站或 eBay 买一本书。在察觉之前，你可能已经浏览了 100 多个网页了。这个数字似乎不是很多，但内容可能多到令你难以置信。

在《纽约时报》研究与发展实验室进行的研究中，我们发现，在访客量前 100 名的新闻和信息网站以及博客上，每个网页平均约有 370 个链接——有些多一点，有些少一点。所以要是你一天之内造访这些网站的首页，得面对 37 000 多个链接。

浏览网页可能会让我们的大脑不堪重负。难怪斯默尔的研究会发现，书籍没有网络来得刺激，因为让人目不暇接的网络会一直争取你的注意力。

虽然我们的锚定社群和信任的网友会帮助我们决定去看哪些网页，以及可以信任哪些内容，但这些链接也同样能帮助我们开疆辟地。试想，当你走进巴诺（Barnes & Noble）[①] 的一家大型书店，你会看到书架上展示着成千上万的书籍，一旁的筛选装置能够帮助你找到你想去的柜位和你想购买的书。书会依主题分类，推荐书区会帮你找到特定类型的书：前 10 名的排行榜、畅销小说名单、店长推荐和《纽约时报》畅销书；或者你也可以参考朋友或

① 为美国最大的连锁书店。——编者注

同事的建议，决定要看些什么。

网站最终也将发展成这样，毋庸置疑，历史将会再次证明这一点。100年前《纽约时报》的头版是混乱的大杂烩，上面有60多个标题和报道。今天同样的版面总共只有6则信息。你认为信息量暴增、几乎多出了亿万则信息，所以报纸上会出现更多的报道和标题；但《纽约时报》和其他报纸都逐渐明白，它们的工作不只是要印出每天发生的每一则新闻，更要更认真地做好筛选工作，让读者不必在这上面太过浪费脑力是编辑的职责。

至今为止，网络走的是另一条截然不同的道路。在网络上，完全没有像报纸一样受限于篇幅大小的问题。《纽约时报》在1995年推出其网站时，主要是想用数字形式重建报纸的经验。在首页，你可能会看到两则惊人的报道，还附有一张照片，以及一些通往这网站另外18个区域的链接。首页上全部的链接总计约在15个左右。但是15年后的今天，纽约时报网的首页链接已超过550个，其中还有将近300个与头条新闻有关的报道。难怪大脑这么忙碌。

除了链接之外，网站上的文字也很多。我在为英国版的《连线》杂志撰写一篇报道时赫然发现，英美两国知名的新闻和信息网站上，一共有487 881个字和66 248个链接。换句话说，点入这200个网站所看到的文字相当于看完一整本托尔斯泰的《战争与和平》(此书约有48万字)。

当然，200个网页是非常可观的数量。除非你是截稿日期快到的媒体偏执狂，或是被阴雨天困住的无聊网友，才有可能看完这么多网页。但是，让我们想远一点，将我们每天吸收的信息和这一点结合起来。

加州大学圣迭戈分校的科技研究人员调查了我们在各类媒体阅读的文字数量，并将它量化成我们一天存在硬盘中的资料量。研究人员计算出，2008

年，美国家庭总计用了 3.6 泽字节（zettabytes）的信息。

你会问“泽字节”是什么？老实说我也去查了一下。以下是我在为《纽约时报》所写的博客中的描述：“我必须诚实地说，这是我有生以来第一次使用泽字节这个词。我听说过拍字节（petabyes），甚至是艾字节（exabytes），但泽字节（zettabytes）完全是位元界的全新层次。如果你还是无法理解，基本上就可以简单地把它想成 10 亿兆字节，也就是 1 后面跟着 21 个零。从这个角度来看，艾字节等于是 1‰ 的泽字节或 10 亿倍的千兆字节，大约就是 510 万台电脑的硬盘容量，也差不多是整个明尼苏达州所有硬盘容量的总和。”

换句话说，这是一片信息海洋。研究人员还发现，平均每个美国人一年要获取 3 600 万字。当然，这并不代表我们每天都会读 10 万字。但它确实意味着我们会通过电视、广播电台、短信、网络、电子游戏和广告这些渠道接收到这么多的文字。

没有任何迹象显示这个现象会放慢。研究人员还计算出，这股信息洪流每年都会增长 6 个百分点，这表示自 1980 年以来，我们经常面对的信息量增长了 350%。

网络对我们大脑的最后一项刺激，是我们上网时和电脑的肢体互动，以及电脑本身的不可预测性：你手握鼠标，盯着电脑屏幕，通过选择和按键在网络上遨游，这些都是对你大脑的挑战。这是参与程度很高的体验，完全不同于被动而线性地读书、看电视或电影。在读书或看电影时，你的身体和你的手相对静态，尽管你可以跳过几行，但通常还是会从头看到尾。

虽然大多数的网上内容也有开头、中间和结尾，但当中的这些链接也会形成成千上万条信息分支，基本上可以让你决定想看的故事，打造出一个故事讲述的全新形式。网络确实有其线性的可能，你必须自己添加广阔的维度。要知道，网络上的叙事和故事是难以计数的。光是这一切就会让你晕头转向。而这恰好可以解释为何脑部扫描会发现上网时大脑一直处于活跃的状态。

上网时我们的大脑受到刺激，一直在进行计算和探索，这两种活动的运作模式不同。而这与另一组研发人员的发现不谋而合，他们的另一项电子挑战：电子游戏，也会激发大脑，实际上它可能让我们更擅长执行某些任务。

但这并不表示我们的大脑不能处理新形态的故事讲述方式，这只代表我们讲述和理解故事内容的方式不同。此外，内容的创作者和读者都感受到他们正在经历数字变形。《纽约时报》的编辑花了几十年时间才意识到在报纸头版放上 60 则头条新闻并不符合他们的最佳利益——倒不如放 6 个经过认真规划的头条新闻，这还比较有意义。

随着我们的大脑适应需求、持续成长、改变形状，科技以及故事讲述的方式也会继续变化。千百年来，我们的大脑在学习新的沟通和故事讲述方式时，都成功地完成了每项任务。

## 打电子游戏的外科医生

下次动手术时，可以问问你的医生以前有没有打过电子游戏。

I LIVE IN THE FUTURE
& HERE'S HOW IT WORKS

**未来探测**

几年前，研究人员访问了 30 多个外科医生和外科住院医生，询问他们打游戏的习惯，并将他们分成经常玩、偶尔玩和几乎不玩三组。然后，他们请所有外科医生进行腹腔镜模拟手术，这是将一根类似筷子的长条物（上面还附有一个小型照相机）插入皮肤上一两个小切口的手术。这种侵入性的微创手术经常用于胆囊切除、妇科手术和其他以往要在手术台上动刀并花上好几个小时的大手术。

研究人员发现，以前喜欢打电子游戏的外科医生或住院医生的腹腔镜技能远高于那些从未玩过的。平均而言，经常玩的玩家和他们从未玩过电子游戏的同事相比，手术速度快 33%，误差低 37%。

过去打电子游戏打得越多的外科医生成绩越好。这可不是在测试一群一天打 12 小时电子游戏、好几个星期没洗澡的孩子。这些住院医生和外科医生只是每星期打上 3 个多小时的动作型电子游戏。有一些厉害的游戏玩家，他们的错误率可以比别人少 47%，工作速度提高 39%。

这个结果相当惊人，因为过去对电子游戏的批评就是：会毁了年轻人的生活，把好端端的年轻人变成少年犯，完全是在浪费时间。现在，外科医生和研究人员则反过来思考是否要将电子游戏纳入未来外科医生教育的一环，因为速度和准确性在以腹腔镜技术进行精密手术的学习中非常重要，而且是学习成功与否的关键。研究人员推测，游戏技能可以转化为手术技巧，从而减少“医疗事故”——“医疗事故”已成为美国人的第八大死因。

I LIVE IN THE FUTURE
& HERE'S HOW IT WORKS

**未来探测**

几年前，一名亚利桑那州立大学的研究人员试图以 Banner Good Samaritan 医疗中心的外科医生来测试这个理论。他将“高尔夫俱乐部”

的 Wii 游戏机的手柄部分改造成腹腔镜的探针，让一组住院医生玩一组 Wii 游戏，以及《疯狂大理石》这个使用探针并要进行细微手部动作的游戏，而另一组则没有玩。结果在模拟腹腔镜手术中，游戏组的表现比非游戏组的进步了 48%。

但并不是每一种电子游戏都可以帮助医生提高他们的技能。研究者后来发现，Wii 的“疯狂大理石”游戏会刺激手术所需的那些大脑区域。其他如网球类游戏则只是挥动手臂模拟打球，对外科医生的分数并没有帮助。不过许多研究发现，即使动作有限，电子游戏可能仍会提高手术的速度和技巧。

当然，练习会增加灵活度本来就不足为奇。真正让这些研究脱颖而出的原因是，人类大脑竟然可以有效地征服这些新科技，然后以新颖和多样的方式运用它们。例如，这些研究均显示，玩电子游戏会提高手眼协调能力，增加一个人在其他技能上的视觉注意力和空间布局能力。这些增加的大脑功能不仅会表现在打电子游戏上，还会表现在手术等其他几个真实世界的状况中。

就像读高中时觉得自己无法学会外语或高等数学一样，你可能会觉得你的大脑无法应付这么多的信息，或是从一种媒介转换到另一种。

但是，当大脑面对新的语言（或缩写）、新的视觉和听觉刺激，或新的信息处理方式时，它会发生显著的改变与成长。事实上，寻找和开发不自然的新体验和技术，然后把它们融入日常生活和讲述故事的过程中，可能是人类的自然行为。

## 17 个按钮和 10 根手指

我自己当然不能以练习手术技巧为由来打电子游戏——医疗手术可不是我的强项。但是，电子游戏确实在我没有意识到的情况下，帮助我的大脑掌握了讲述故事的方式。

我的第一套电子游戏是雅达利 2600（Atari 2600）。雅达利游戏机在 1977 年问世，1981 年我 5 岁时，家里买了一台。我对那一年没什么记忆，但到现在我都还记得雅达利操纵杆在我湿冷的小手里的感觉，我兴奋地追逐着方块，和朋友在屏幕上兴奋地击球。我喜欢玩乒乓球和太空侵略者的游戏。今天，这些已成为电子游戏史中的古董，但在当时，它们深深地、不停地刺激着我的大脑。

雅达利游戏机的控制盒构造非常简单，几乎可说是控制盒的始祖。在方形盒顶端是一个操纵杆，左上角的橙色按钮可以回到主菜单。一根杆子，一个按钮，这就是全部。

今天，我家客厅的电动控制器上有 14 个按钮和 3 个多向操纵杆。我仍然只有 10 根手指，但时下的控制器可以放 17 根手指，这还得忽视我必须用手拿着控制器这项不容争辩的事实。然而，当我坐下来玩电子游戏，我完全不会对这些按钮和操纵杆感到恐慌，或是觉得很有压迫感。我的大脑和科技已经适应了对方。

30 年来有许多研究可以证实，我不是唯一有这种感觉的人，电子游戏其实会对大脑产生非常大的刺激。

I LIVE IN THE FUTURE
& HERE'S HOW IT WORKS

## 未来探测

其中一项非常著名的早期研究是1991年由加州大学欧文分校的心理学家理查德·海尔（Richard Haier）进行的，他研究了当时新上市的游戏“俄罗斯方块”。海尔找来一批以前从未玩过俄罗斯方块的被试，年龄介于19～32岁之间。在8个星期内，他让被试每周玩两次俄罗斯方块。那时候还没有磁共振成像扫描，所以他用正电子发射（PET）的扫描仪测量他们的血糖值和大脑内的神经路径，以找出使用氧气和受到刺激的区域。

海尔记得，当时很容易找到一批从未玩过电子游戏的学生。他回忆道：“那是20世纪90年代初期，还没有多少人听说过俄罗斯方块，所以很容易找到新手来进行研究。”

研究一开始，海尔和他的研究小组向被试解释什么是俄罗斯方块与它的玩法，然后监测被试每次的成绩。起初，他们的得分都很低，只有5或10分，但每次玩，他们大脑的许多不同功能区的活动都急剧增加。海尔解释说，这些数据显示，电子游戏对大脑的刺激真的很强。

随着研究的推进，被试的成绩显著提高，每次玩都破百。但让研究人员惊讶的是，随着分数增加，大脑的刺激或活动开始下降。先前PET扫描显示的许多发光活动区都恢复平静，不过仍有其他部分很繁忙。大脑很快就适应了这种故事讲述的新的视觉及互动形式。

虽然俄罗斯方块涉及众多不同的大脑任务，包括手眼协调、空间观测、规划、视觉、听觉与其他许多功能，新手玩家的大脑还是可以迅速想出如何掌握每一项任务。

海尔指出，刺激有益大脑。“显然，电子游戏正在影响我们的大脑，这就是为什么人们对它这么狂热。”他解释道，“你的参与度有多高，大脑的参与度就有多高。这就是为什么父母会买那些附有会动来动去发出声音的玩具的婴儿床。”海尔重申：“大脑的适应力很高，基本上每一代都会接受上一代没有遇到的新刺激。”他表示，其实电子游戏对我们的大脑不坏，只是它们很新，大脑需要弄清楚如何使用它们。

研究中玩家成绩迅速提升，反映出了大脑的可塑性，即我们在学习新事物时大脑会发生变化的这一概念。这个理论在一个世纪前就被提出了，可塑性的概念基本认定大脑能够在学习或遇到新事物时改变形状和结构。

2009 年，海尔接受生产俄罗斯方块游戏的厂商委托，继续他在 1991 年的监测工作，利用以前无法使用的先进扫描技术。但这一次，他发现要找到一群从未玩过电子游戏的人变得很困难。新的结果就跟早期研究的发现一样，大脑里有许多区域的活动都提高了，特别是在学习打电子游戏的初期。而且更重要的是，这项研究显示，就跟那些学杂耍的人一样，大脑的形状也改变了，被试的灰质区在学习玩俄罗斯方块时出现了增长。

## 重新认识电子游戏

我和一个朋友一周会玩上几次 Xbox 里的小游戏。在某些时刻，我们会陷入这场残酷的战争，荷枪实弹地扮演起突击队、二等兵和中士的角色。在逼真的画面中，我很快地就进入这个想象的世界，担负起保护国家的工作，与我的朋友一起摧毁敌人，制定战略，一边合作，一边竞争。

我真的很喜欢玩这个游戏。它让我和朋友在一天漫长的工作后得到放松。对我来说，电子游戏是一种引人注目的故事讲述方式，因为我通过操纵杆和按钮就可以控制故事的走向与讲述方式。我觉得我玩的游戏《现代战争 2》

既有趣也有益——它让我耳目一新，从工作压力中解脱出来。

电子游戏之所以会让人这么愉快，其中一个原因可能是它和其他许多有益或刺激的体验一样，会刺激大脑分泌多巴胺——这种化学物质在运动、智能，特别是娱乐中都发挥作用。写了《所有坏事都对你有益》（*Everything Bad Is Good for You*）等几本科技书籍的史蒂芬·约翰逊（Steven Johnson）认为，电视、电子游戏与其他“坏”的娱乐活动其实对我们的大脑与创造力都有益处。他在书中写道，我们在玩游戏时，会一直刺激多巴胺这种神经传导物质的分泌，它主要负责“奖励和探索”。这种物质，他补充道：“是大脑的‘探寻’回路，驱使我们去探索环境中得到奖赏的新途径。”

但是我玩的《现代战争 2》这类战争游戏则会让许多跟我一样的人进入栩栩如生的射手角色，这就跟色情片一样，引发了许多还算公允的讨论——人们担心电子游戏会扭曲玩家对真实世界的认知，让他们漠视无谓的暴力。诚然，某些电子游戏确实存在暴力的问题，也有人担心小孩太过沉迷于玩游戏而无可自拔。但事实证明，就算是这类游戏，也会对大脑和我们的能力产生一些深层的正面影响。

20 世纪 80 年代初期，神经科学家开始探究电子游戏对大脑的影响，那时小精灵（Pac-Man）与大金刚（Donkey Kong）已经风靡全球。研究显示，打电子游戏会提高视觉技能和手眼协调能力。一项在 1989 年进行的研究要求被试看到灯光时按一个按钮，以测试他们的手眼反应时间。随后被试被分成两组，其中一组玩雅达利电子游戏 15 分钟，然后再进行一次测试，结果游戏组的手眼协调能力提高近 5 成。这样的学习效果相当惊人。

接着在 20 世纪 90 年代初期，海尔的俄罗斯方块研究，以及其他和电子游戏相关的研究出现。不过，电子游戏研究和神经科学的一大突破，则是偶然发现的。

罗切斯特大学（University of Rochester）大脑和视觉研究室的主任达芙妮·巴韦利埃（Daphne Bavelier）虽然一开始并不是研究电子游戏的，但她现在专注于研究电子游戏对视觉和空间意识的影响，特别是在认知、大脑可塑性和视觉这三方面。

I LIVE IN THE FUTURE
& HERE'S HOW IT WORKS

**未来探测**

2003 年，巴韦利埃和一名研究者开始研究大脑的可塑性，以及新的视觉刺激是如何影响到听觉的。巴韦利埃的一位博士生肖恩·格林（Shawn Green）那时正准备用一台电脑的视觉系统测试一组听障被试。正式开始测试前，为了确保仪器和数据搜集的程序无误，格林自己先进行测验。这项研究的目的是以屏幕上一系列的点来衡量个人的视觉敏锐度。

格林测验了几次，以确定所有仪器运作正常，但他发现自己视觉注意力部分的测试每次都会获得满分。他怀疑电脑程序可能出错，于是请朋友来实验室进行测试。没多久，格林和巴韦利埃就发现，有些人的得分一直都远远高于其他人。调查后研究团队发现，那些视觉测试成绩近乎完美的人有个共同点：他们一直都很喜欢玩电子游戏，更准确地说是玩“第一人称射击”这类游戏。

巴韦利埃最后索性研究起射击游戏的玩家，而且得到了显著的成果：这些游戏玩家不仅在许多手眼协调任务上反应迅速，他们的脑容量似乎也比较大，使用较多的周围视觉，能够迅速转换注意力，追踪多个项目，而且通常具备卓越的视觉技能。比起策略和角色扮演游戏，这类游戏更需要快速的反应力和准确性。

这项研究在《纽约时报》以《研究人员表示电子杀人游戏可建构视觉技能》(*Video-Game Killing Builds Visual Skills, Researchers report*)这样耸动的标题报道后，引发了轩然大波。

可悲的是，因为结果明显支持第一人称射击游戏，在一片哗然之中，这个研究的重点严重失焦。但若是人们能够把争论放在一边，就会看到巴韦利埃的研究显示，玩电子游戏确实有正面效益：让游戏玩家快速行动、瞄准与瞬间决定的能力可以转移到一个完全不同类型的任务上。但多数人往往因为先入为主的观念而忽略了这项电子游戏研究的正面效益。巴韦利埃在接受采访时解释道，人们看不到她这项研究的正面意义让她感到十分沮丧，大家都只看到研究中所使用的第一人称射击游戏，再也看不到其他部分。

过去 5 年来，格林和巴韦利埃的研究显示，动作电子游戏的玩家在多项视觉和手眼协调能力测试中的表现一直都比不玩电子游戏的人来得好。他们的研究显示，动作电子游戏的玩家的“空间布局能力和视觉注意力”都比较好，随着时间的推移，视觉注意力的效率会更高，而且“可以同时关照多个目标”。实际应用这些技能的状况因人而异，他们可以变成一个更好的司机、经验更丰富的飞行员、动刀更准确的外科医生，甚至能掌握更好的网页浏览能力。

虽然每个人都可自行衡量要玩多久游戏，但这些研究结果显然倾向于让孩子玩更多的电子游戏，以及获得更多具有互动性和活动的机会，而不是禁止他们玩。目前已经出现许多新的游戏和游戏机，例如任天堂推出的 Wii，让玩家觉得真的是在挥动网球拍、跳舞、做运动以及在游戏时体验到的其他各项体育活动。微软推出的 Xbox 游戏机控制系统“纳塔尔”(Project Natal)让游戏变得更逼真，让玩家成为游戏控制器，不用再为按钮或操纵杆而烦恼。玩游戏时，站在电视机前面踢腿就等于踢动屏幕上的球。增加移动力的实境游戏鼓励玩家往外跑，追逐移动装置虚拟的数字物件，这无疑打破了运动和电子游戏之间的界限。应该鼓励和支持这类游戏，不要仅仅因为句子中出现“电子”或“游戏”这类字眼，就漠视其意义。

事实上，这类游戏的问世是件好事，因为精灵已经从瓶子里出来，而且它太过庞大，塞不回去。据估计，12~17岁的青少年中有97%都在玩电子游戏，而且往往不是单打独斗。一份皮尤研究中心的调查研究了孩子是如何玩电子游戏的，虽然有些孩子表示喜欢自己一个人玩，但有27%的孩子表示会与朋友一起在线上玩，而有65%的孩子表示会和一个或一群朋友待在一起玩——很像是《大富翁》或《圣战》这类桌上游戏的另一种形式。

除了社交层面外，年轻人最喜欢玩的游戏其实相当温和。2008年，当皮尤研究中心的工作人员请被试列出他们平常玩的前10种游戏时，他们发现这当中只有3种游戏是第一人称射击游戏，其他则包括纸牌、俄罗斯方块、马里奥赛车（Mario Kart）类赛车游戏以及各种体育游戏。在所列的2 618种游戏中，排名第一的游戏是《吉他英雄》（*Guitar Hero*），这个游戏需要多个玩家一起从沙发上站起来比赛弹吉他和敲鼓，就像在乐团里一样，虽然实际上他们可能从未上过任何一堂音乐课。

这些玩家可能不像我一样，轻易就放弃游戏。我和他们之间的相似之处可能是他们玩游戏和阅读的时间应该差不多，用不同的方式来测试和扩大他们的大脑。电子游戏提供的参与感让人身临其境，可以利用多媒体来讲述故事，而且比许多传统的故事讲述方法更有力量。这就是说，它们并不会互相取代，相反，它们会填满互动式故事讲述的需求创造出来的新空白。

媒体变革

I LIVE IN THE FUTURE & HERE'S HOW IT WORKS

重点是，每种媒介都有一个位置。电子游戏会部分取代某些故事讲述方式，并和另一些合并，形成新的方式。例如，阅读激发大脑创造力的方式就不能被电子游戏取代。精心挑选的话语可以帮助我们在脑海中想象、揣摩和遐想。良好的文字描述会提供一个通往想象力的迷人路径，而这也是我们提高理解力和推理能力所必需的。声音所讲述的故事，帮助我们的大脑学习其他方式的想象，并且增强我们的听觉感官。图像和视频提供视觉感知技能、客观思考能力和另类逻辑思考能力；而电子游戏则向我们的大脑提出一个挑战，需要统合认知、协调、工作记忆和视觉等大脑各区。

所有这些媒介在大脑中都占有同等的地位及重要性。网络则综合了这一切，带给大脑一种新的故事讲述方式和参与过程，带领我们和我们的大脑一起进入一个故事讲述的新时代。

I LIVE IN THE FUTURE & HERE'S HOW IT WORKS

# 06 “私”经济的兴起

## 将控制权握在自己手中

“我还以为你要看新闻。”我说。“这就是我的新闻。”她回答。

## 一个新的你，永远以你为中心

如果你拿出智能手机，点一下那个在谷歌地图或雅虎地图上的“Locate Me”（找到我），就会看到手机屏幕的中心出现一个点。

那一点就是你！

如果你朝街上任何一个方向前进，无论哪个方向，整个画面都会随你的位置来移动。这是一个重大转变。在纸张世界，地图及位置是以地方或地标为根据的，而不是以你或你的所在地。人们不会到店里问：“噢，不好意思。可以给我一份我的地图吗？”而是走进店里买一份纽约或阿姆斯特丹的地图，或是一份地铁的路线图。地图上不会有你或我，我们只能在地图上找出自己的所在地。

但今天，数字世界改变了这一切。凯尔文·萨尔文（Kelvin Salvin），定位服务与游戏的创作者及美国 Area/Code 总经理兼创办人，在去年某个科技会议上简洁地指出：“我们一直都在地图的中心。”

虽然萨尔文只是在说定位游戏和谷歌地图，但“成为地图的中心”这个说法绝不只是指手机屏幕上的一个点。"地图的中心"是个充满权力的位置。

成为中心——不是靠边站或完全不在画面上，改变了一切。它改变了你对空间、时间及位置的定义；改变了你对地方及社群的感觉；改变了你对手机、电脑上的信息、新闻及数据的看法；也改变了你在交易中的角色——你可以决定买什么内容、怎么买以及如何使用它，你不再需要接受传统公司为你准备的组合产品。

**从现在开始，你就是起点。现在，是数字世界跟着你走，而不是你跟在它后面。**

这个转变已断断续续开始了一段时间。在我13岁还戴着厚厚眼镜的那个年代，只能通过拨号数据机接上互联网，可我已经迫不及待地要上网了。当时，我刚跟着父亲从英国搬到美国的佛罗里达，无论是刚到美国的过渡期还是整个成长阶段，我过得都不是很顺利。我那拥有工程学背景的父亲，把他家庭办公室的电脑连上了互联网，又申请加入了美国在线每月19.95美元的服务计划。美国在线像是配给金币一样地配给上网时间，以这个价钱，我们只能获得几十分钟的上网时间。在今天，我们只需每月付出25美元或30美元就可以无限上网，所以这种事听起来很可笑，但在20世纪90年代中期，上网时间真的就等于钱。

放学回家后，我都会哀求父亲让我上网，哪怕只有一分钟。对我来说，上网是种前所未有的体验。我可以与地球另一边的人取得联系并与他们谈话——可以和一个在中国或法国的人"谈话"这件事真的很神奇，它让我见识到家门以外的世界。

我可以使用一些简陋的"互动"百科全书搜寻作业的答案，或是在网上找个陌生人来帮忙。每当我听到喇叭以单调的电脑化声音传来“你有一封新邮件！”时，都会一阵兴奋。不过，最棒的是我居于掌控的位置，可以决定自己要去哪里和什么时候去。那里没有一个预设的起点或终点。早在成长阶段，我就已经位处互联网体验的中心。

正如前面章节所述，掌握控制权的力量会扩展到其他领域。把观众放在中心导致色情电影不再只展示金发碧眼的美女，而是以各种口味及内容迎合不同观众的个人喜好。第一人称的电子游戏容许你以自己的方式探索，以自己的方法降落飞机，或者自己选择成为战士或怪物。这种区别就像在玩赛车游戏时，你是个旁观者，还是坐在驾驶座上手握方向盘亲自驾驶。你不再只是一个在场观看和高喊“加油”的观众，而是故事的一部分。

21 世纪精心制作的社交网络，强而有力地把顾客放在他们自己的复杂人际关系网络和所属社群的中心，这可以解释互联网广阔性的意义。假如现在上网，我比较倾向于和其他国家的人，而不是和同一城市的人连线。实际上，我不知道和我在网上交流的人住在什么地方——但这根本不重要。我关心的是他们与我的关联，他们也一样。

这个转变（把你放在地图中心的转变）也改变了媒体这一概念。“媒体”这个概念是从“媒介”而来；“媒介”是一种中介，也是媒体的角色。媒体让艺术爱好者能接触到艺术家，让读者能接触到作者，让民众能接触到新闻。

但今日，如果你开了一家媒体公司，大概很难再扮演这个中介角色。对于新时代的年轻顾客来说，他们只会想到“我”、“今天”、“立刻”。当我的朋友和他的表妹劳伦到我家时，我就曾在这个“我！立刻！”的世界里上了沉重的一课。当我为他们冲泡咖啡时，劳伦向我借电脑来“查新闻”。于是，我把我的电脑递了给她。

我很好奇她要连到哪个新闻网站，所以我问她，并预计她会告诉我 CNN 或纽约时报网，又或是八卦网站名人新闻网。她却对我说："Facebook。"然后，她将视线转到电脑屏幕上，继续阅读。

"我还以为你要看新闻。"我说。

"这就是我的新闻。"她回答。

对劳伦以及她那个时代的许多人来说，新闻不再是报纸、电视广播，甚至不是博客或小道消息。相反，新闻是与个人相关的东西：对她而言，新闻是 Facebook 上一个名为"动态消息"（News Feed）的东西。2006 年 9 月，该公司推出这项服务时解释说，动态消息会"突显你的社交圈里正在发生什么事"，并为你特制"关于你的朋友们和社团活动的最新头条"。虽然很多用户在刚开始对于要分享大量的个人资料感到畏惧，但动态消息现在已成为 Facebook 的一项主要服务；而且从某个角度来说，它可以算是 Twitter 的前身。劳伦和其他像她一样的人仍然是即食性动物，吞吃着各式内容，但对于吃什么，他们却有着特定和极高的要求。

当劳伦和她的朋友们坐在电脑前，用浏览器点进 Facebook 的网站时，他们真的以为他们是在看新闻——他们的新闻。虽然她和我对于"新闻"的看法并不相同，但当我在晚上和早晨看着 Twitter 的动态消息，并把它当成是我自己高度个性化的"报纸"时，我们其实正在做同样的事。

在所有关于传统媒体遭受革命性冲击的忧虑中，这个转变在很大程度上被忽略了。但它却是理解什么改变了和未来会如何的关键。在充满血腥和毁灭性的第一次世界大战后，诗人威廉·巴特勒·叶芝（William Butler Yeats）写道："一切土崩瓦解；中心难再维系；只有无政府状态在世界四散。"

几个时代后，作家琼·蒂蒂安（Joan Didion）考察了20世纪60年代的社会改革并写道："中心没有维系住。"在一场痛苦的科技及信息革命中，出版者、制作者和传统媒体的供应商大概都有相同的感受。

**媒体变革**

I LIVE IN THE FUTURE & HERE'S HOW IT WORKS

中心已经消失了，并被一种数字无政府状态所取代。人们会有这种感受不难理解，因为我们正经历的数字无政府状态摧毁了百年来我们所熟识的市场，而取代它们的东西还在形成，尚未确定。

但我认为，媒体世界的中心并未消失。它不过是在地震般的时刻彻底转移了。互联网的诞生是这个转移的起点，在未来的日子里我们会感受到一次又一次的余震。广大的读者群或观众群会变成一个狭窄的我和你，我们都是一个特定的市场，我们都是地图的中心。

## 贪婪的"贼"

对于新的中心这个重要概念，我有过刻骨铭心的不良体验，也深知让传统的媒体公司承认和处理它有多么困难——尽管它们的挣扎是完全可以理解的。它们已建立数代的运营模式是向一群广大的民众提供一个特别挑选出来的混杂式内容。音乐产业的推销手法不是"这里有一首好歌，你可能会喜欢"，而是"这里有一些你可能会喜欢的好歌，但里面还有10或11首你大概不会喜欢的歌，因为我们要填满这张CD以便能够卖15美元！"美国唱片业协会表示，过去几年，CD的销量下滑了25%，而数字音乐的收入又不足以弥补这个亏损。

杂志和报纸几乎以同样方式运作。满满一堆的内容吸引了订阅用户和读者，进而吸引了广告。但是，它们的发行量一直在下滑，而近年来报纸印刷广告收入也正急剧下降。这并非秘密，除非你过去10年来一直生活在井底，才会不知道有越来越多的内容是免费的：有些是公司通过线上报纸和博客提供的，也有一些是盗版的——它们是由渴望取得最新音乐、电影和头版新闻的消费者整理出来的。不过，就算一个又一个的内容产业正在看着新媒体痛击传统媒体，有些行政人员依然拒绝让顾客们自己选择消费内容的方式。

以音乐产业为例，它们在20世纪90年代初遭受了猛烈的攻击，最终通过同意在iTunes商店以99美分贩售歌曲而重新站起来。然而最近，唱片公司决定每首"热播歌曲"收取1.29美元。对许多消费者来说，这是个贪婪而不必要的做法。当索尼公司在2009年推出新的数字阅读器时，该公司表示将随机附上一个像图书馆一样的软件——通过这个软件，人们可以在阅读器上租借电子图书。但有个问题：出版商只会为每本书提供有限的"许可证"。因此，如果别人已经"借出"了戈马克·麦卡锡（Cormac McCarthy）《长路》（*The Road*），你必须等那人"归还"后才可以下载。消费者现在已经可以轻松地和成千上万人分享照片、歌曲或文章，而且数字内容又没有实物限制，所以他们很难理解供应商的做法。这些过渡性的解决方案不仅没有意义，也不适合这个充满"我"的世界。

再来说说电影业那个失踪的"我"。虽然我仍然喜欢电影的长格式和身临其境的感觉，却越来越厌倦到影院看电影。我不想顺着别人的时间表来到影院，还要忍受影院爆米花的高价，甚至可能会有个喋喋不休的人坐在我身后。所以，我宁可在家里看电影，在我喜欢的时间看，吃着微波爆米花、喝着免费自来水，并用一个方便的暂停键对付那些不可避免的洗手间时间。

有很多人不同意我的看法。立体3D和其他数字化科技在2009年时为电影票房带来了创纪录的收入。但是，为什么不给我们一个选择？业内人士坚持，电影下载和DVD销售要在电影上映后几个月才可以开始，而不是给予消费者观看最新电影的更多选择。即便如此，2009年DVD的销量也大幅下跌。因为观众们发现了更实惠，甚至是免费的方法去看他们喜欢的电影。

虽然这个策略现在似乎对票房销售有利，但它可能只是在一切垮掉前的一个短暂胜利。从音乐开始，我们可以看到这种情况几乎已经在所有其他产业中发生了。人们总会找到方法，以他们希望的格式、形态和大小取得内容。

一个叫海盗湾（Pirate Bay）的网站提供了下载电影、音乐和书籍的链接，它每天的浏览人次高达450万。他们点击超过26万个网页，下载任何他们想要的东西：《钢铁侠2》（*Iron Man 2*）、《恶搞之家》（*Family Guy*）、《法兰克·辛纳屈精选金曲》（*Frank Sinatra's Greatest Hits*）。而这只是其中一个网站。另一个名为Torrentz.eu的文件共享网站每天有260万的浏览人次，近1 400万个网页的浏览量。此外，世界各地还有数以百计的类似网站为几千万个当下想要看电影的用户服务。

当然，有些人确实是在“偷”电影、电视节目、电子图书和其他数字工具，因为它们就在那里。但很多人是因为它们既不存在，制造和销售它们的人也不提供，所以才会去偷。

我必须承认我也做了这种犯罪行为。2007年11月，《美国黑帮》（*Ame-*

*rican Gangster*）正式上映前两个星期，电影的拷贝片就流传到网络上了。网络上，数字内容的传播速度可能要比地球上的任何病毒来得都快，于是我也决定下载。我并不是想省下10美元，如果我可以买到授权的版本，我会毫不犹豫地购买，因为我只是想在家里看。

讽刺的是，几个月后，我遇到《美国黑帮》的一位行政制作人。我胆怯地向他供认"非法"下载了他的电影。我甚至尝试给他10美元作为补偿，但他慷慨地拒绝了（虽然我觉得他真的很想收下）。

当我问他为什么不从一开始就为电影提供付费下载（pay-per-download）或类似的服务时，他有两个反应。首先，他说，他和行家"可以阻止盗版并制止非法下载"。

我的回应是："你永远无法阻止一个拥有过多时间的18岁孩子在他的瑞典睡房内热心地做一些已被告知不能做的事，例如找个途径把你的电影放到网络上。"我试着提醒他关于音乐产业以及它们试图阻止人们制作用于和朋友分享的个性化音乐组合时所遭遇的挫败，但是他语带嘲讽地对我说，他们"更聪明，也拥有更多资本"。

我想，那你就等着自己口袋里的钱被掏光吧。

然后，他试着解释人们比较喜欢电影院，因为电影院代表了一种人类已流传数千年的篝火会式的故事讲述方式。我们喜欢围在一起分享体验、聆听令人信服的故事。也许吧，我想。但是我已经有了更容易分享的数字版本的篝火会了。当我们可以坐在电视机前，同时在数字领域里跟朋友交换意见时，就不再需要一个共享的电影院了。

像每个过渡时期一样，我们不会有一个非黑即白的答案，就像19世纪80年代《纽约时报》谣传留声机的出现会使人们不再去听演唱会。有些时候，电影院的确能吸引我和我的朋友，例如让我们走出房子跑到一间大电影院里跟朋友一同观看喜剧片，一同哈哈大笑，或通过大屏幕感受一下充满张力的动作片——这都是很美好的事。只是更多时候，我更享受在自己家中的私人影院搭配一个私人开场的时间和一个重要的“暂停”键。

至于那个“篝火会心理”，我承认人们喜欢坐在一起成就一个真实或象征式的篝火，只不过篝火会也能以数字化的方式出现。我常常在看电影前后发短信给朋友们问问关于电影的意见，也会上其他社交网站去看看其他网友的回应，而且我也会发表自己的意见。

I LIVE IN THE FUTURE
& HERE'S HOW IT WORKS

**未来探测**

惠普实验室社交计算机研究组的两位研究员西塔拉姆·亚苏尔（Sitaram Asur）和贝尔纳多·哈伯曼（Bernardo Huberman）在2010年3月进行了一个数字版本的电影篝火会示范，通过监测Twitter上陌生人的评论和意见来预测电影票房的销售情况。他们监测了300万条消息来预测人们觉得电影是好、是坏，还是没有感觉。他们由此预测新电影能否取得让人眼前一亮的票房。

亚苏尔和哈伯曼从Twitter上寻找人们对这部新电影的意见，这使预测这部电影在上映首周周末的票房好坏的准确率达到97.3%。

研究员不知道的是，人们究竟是在家里观看电影（大概都是非法下载的），还是在电影院参与“篝火会”？对于这个问题，Torrentfreak.com网站大概可以给我们答案。Torrent Freak 是一个博客，专门负责文档分享社区里发生的事。它包括一个名为 Bit Torrent 的协定，用以监测、报告其下载数字，以及与人对人（person-to-person）技术分享文档的政策和法律相关的新闻。每年在奥斯卡颁奖典礼前后，Torrent Freak 的编辑们会发布该年度下载最多的 10 部电影，这也被称为 Bit Torrent 的奥斯卡。2009 年有 1 260 万下载量、占据首位的电影是《第九区》(*District 9*)，第二名是《阿凡达》(*Avatar*)，下载量为 1 130 万，这还不包括在朋友之间互相传送的数字。这些电影不只是被几个孩子在睡房里下载，而是被遍布全球的数千万观众下载着。

音乐、文字和电影能够以不同形式提供给我们，这也意味着我能够为自己订制一个属于自己的使用方法。没有耐性、要求极高的消费者开始对等候数字版本不耐烦，我相信电影出版商和其他相关人员会因为拒绝以更快速与合理的价钱提供其他版本而错失一个很好的商机（这也许促进了盗版的行为）。

试想图书产业的发展情况。2010 年年初，一些出版商，包括西蒙与舒斯特（Simon & Schuster）和阿歇特出版集团（Hachette Book Group）表示，他们将推迟制作一大部分已开始销售电子版本的书籍，因为他们担心电子书将会蚕食较昂贵的精装本书籍的销量。

西蒙与舒斯特的行政总裁卡洛琳·莱迪（Carolyn Reidy）在接受美联社访问时说：“我们相信，大部分购买电子阅读器的人都是最忠实的读者。要是他们喜欢电子阅读器，自然也会换上电子书，因为相对来说电子书要便宜得多。”

这有一部分是正确的：忠实读者买电子阅读器是因为他们想用它来看

书，但若假定他们这么做是为了省钱，未免有些误解了。我有一个 Kindle、一个索尼阅读器（Sony Reader）和一个 iPad，但我可不是为了省钱而购买它们，我也不认识任何因为要省钱而购买一个或一个以上电子阅读器的狂热书呆子。人们花高达 500 美元去添购一个装备，然后花 10 美元去买一本书，这是什么省钱的逻辑？

他们都是爱书人，想要能够随时没有重量负担地带着自己的所有书籍。他们同时也享受电子阅读器上的附加功能，例如在内建的字典上查阅生字、跟其他人分享内容及边阅读边做笔记。最重要的是，电子阅读器的使用者希望能够随时在机场、地铁或咖啡店里即时阅读。当他们对某本新书感兴趣时，就能够在几分钟后开始阅读它。事实上，对我来说，电子阅读器的出现使人们更容易取得书籍，因此也应该会让书籍的销售量增加。商业和策略顾问机构 L.E.K. 咨询公司在 2010 年的一项调查中指出，48% 的电子阅读器拥有者宣称他们比从前读了更多的书，只有 7% 的人表示他们阅读的数量比从前少。

我们可以理解出版商为何担心这种不断变化的商业形式，同时忧心更便宜的电子书会带来未知的后果。当亚马逊网站为 Kindle 定下 10 美元的价格（这早在顾客预料中）以抢占电子书市场时，出版商也被迫以低于成本的价格销售电子书。这当然不是一个好的经营方法。而他们是否也真的相信将爱书人和电子读物分开是提升业绩的最佳方法？绝对不是。我在前面提过的分享网站不只分享电影和音乐，还分享电子书。

对于这种情况，我曾在《纽约时报》里写道："如果你拆开生日礼物的包装时看到一台最新版本的 Kindle、索尼阅读器或巴诺书店的 Nook，而那正是你想要的！你会打开你的新装备，连上一个无线书店，然后搜寻德里罗（Don

Delillo）的新小说。然而你却无法坐在折叠椅上点击下载它，因为书店会告诉你这本书在这4个月内只以精装版本发售。之后你会不会开车到书店去买那个精装版本呢？你很可能选择购买电子书店里的其他东西。"你能够想象你刚购买的数码相机里出现："很抱歉。在未来4个月内你将无法转发这张照片给你的朋友，但你可以通过我们的印刷服务将照片打印出来再邮寄出去"这样的提示吗？我很难想象会有人接受这样的商品服务。

出版商似乎正在跟他们的顾客进行一场错误的战争。他们是在惩罚顾客，而不是让顾客从世界上任何一个地点更轻易地掏钱出来买内容。

幸运的是，只有少数出版商加入了这个错误的战场。大部分出版商表示，他们会同时出版纸质书和电子书，考虑到电子书市场的快速发展，这是个聪明的做法。亚马逊总裁杰夫·贝佐斯（Jeffery Bezos）在2010年表示，亚马逊网站同时为读者提供Kindle及纸质书的服务，而每卖出100本纸质书能同时出售48个Kindle版本。他预测："不用多久，我们卖出的电子书将会超过纸质书。"

**媒体变革**
I LIVE IN THE FUTURE & HERE'S HOW IT WORKS

随着越来越多的人使用电子阅读器，不久的将来，我们将可以选择在便携式阅读器上阅读或收看任何东西，不论是杂志、报纸、电影、电视节目，还是教会信息——即将进入社会的年轻一代将会认为所有内容都是显现在屏幕上的。纸张所带来的限制将就此消失，对于身处地图中心的用户而言，数字意味着"即时"、"无限"和"极端个性化"。

## “私”经济学

“真的太好了，”你说，“我们要搬到一个自恋的数字世界里，不同年龄的消费者都会用自己的手机来收发短信，他们也会要求定制属于自己的个性化音乐组合、电影选择以及特别精选的新闻。但这些伟大的音乐、美妙的电影和非常重要（但制作成本很高）的新闻故事的费用该由谁来买单？”

真是个好问题！身为这个行业中的一员，我参与讨论这个主题的会议的次数要比任何人都多。我参加过历时一整天的讲座，也出席过有50人（从高高在上的行政总裁到卑微的实习生）参加的会议。我也试过以专家会议小组成员的身份与记者和出版人展开讨论。话题通常以感叹报纸杂志的死亡为开场白，然后很快就转入我们要如何做才能让用户愿意付钱给线上新闻的讨论。

我听了一遍又一遍，他们都说年轻人是不会支付任何费用的。电影制作人、出版商和音乐家都说，孩子们觉得信息内容是免费的，他们自以为拥有上帝赋予的权利去享有它。

我不打算在此列出一套神奇的公式来告诉你各种利润、投资回报或收入模式，这不是我熟悉的事物。但身为新科技研究员和消费者，我会用以下4个原则来决定是否购买数字内容：价格、质量、及时性和体验。

- **人们将为与信息内容相关的某些体验付费，但不会只为了信息内容付费。不过，人们会付费。**
- **人们将为品质付费，无论是高级的图案、美观的设计，还是优美的语言。**
- **人们将为及时性付费，如果它们是值得率先体验的东西（而且它们也可以立刻买得到）。**
- **人们将支付与体验感受相称的价钱。当价格上涨到某个价位时，销售额就**

**会下降。人们对付出多少是有限制的，虽然这个数目可能低于卖家的预期。不过，人们愿意支付的价格底线确实存在。**

我仍然经常购买数字内容。我在自己的电子阅读器中订阅了《纽约客》，我为我的手机购买了一些有趣的应用程序，也为我的 Xbox 添了一些游戏，有时候我还会在 iPad 上购买电视节目和音乐。到底是什么促使我决定购买音乐、电视节目和电影的？简单来说，我是基于个人体验和当时的需要。有 3 种方式让人们，尤其是年轻人，去衡量哪些东西值得购买。

## 不优质就免费

我的朋友迈克很喜欢音乐。事实上，他是个狂热的音乐人。只要一有时间，迈克就会去网上和他的社交网络中寻找新的音乐，聆听或是购买。就像他的许多朋友一样，迈克用他的推荐系统和社交网络去寻找他感兴趣的音乐。他会试听几首歌，如果觉得不错，就会购买。他很少购买一张完整的 CD，因为他相信很多 CD 只有一两首好歌。迈克也是某几个乐团的粉丝，会在他们 CD 发行的首日第一时间购买。

但是迈克也会盗取音乐。他不是因为负担不起或是要对抗媒体巨头或财团才去盗取，更不是为了获得"盗取的快感"。他之所以这样做有两个原因：一是他认为价格被抬高了，二是他想借此弥补那些他曾经购买却不满意的东西。也就是说，有时他会买几首歌然后再下载其他几首，并设法在他付出的金额和得到的东西之间取得一个平衡点。

要是他曾经购买一张 CD，却觉得 CD 里的大部分歌曲都不好听，但又无法退货，他就会觉得自己被骗了。那么下一次，他便会特意下载这位歌手被上传到网络的免费音乐作品——他在盗取。他也知道互联网上有大量免费的音乐，而想要下载的人一定找得到。他就像我们这些绕过经销商而到转售店购买“二手”汽车零件的人一样——就算我们早知道自己买的可能是“赃物”。迈克已经建立起一套自己的互联网经济法则，而网络上大量能够免费下载的音乐也让他这套法则行得通。对他来说，这一切都得到了平衡。

你可能觉得和迈克一样的人不多，其实不然。我听过很多人说他们也在做同样的事。某位在政界工作的人也有同样的想法。我问他为什么要非法下载，以及是否因此而感到内疚，他的回答让人很意外：“完全没有。要是我买了一张 CD 而里面 90% 的歌都很烂时，我就觉得自己被骗了。”

英国制片人兼演员彼得·塞拉菲诺威茨（Peter Serafinowicz）曾经参与电视节目和电影制作超过 40 次，作品包括《僵尸肖恩》（*Shaun of the Dead*）、《星球大战》（*Star Wars*）、《伴侣度假村》（*Couple Retreat*），他于 2010 年 5 月在科技网页 Gizmodo.com 的博客上承认非法下载。在一篇标题为《为什么我要非法下载电影……即使我是电影人》的博文中，他说他非法下载电影的主要原因是因为网络上没有销售。他会上网快速搜寻，找出那些他想要的节目或电影，数分钟后，它们就“飞”到他的电脑里。

塞拉菲诺威茨写道，他很希望有人非法下载他的电视节目。他解释说，当 BBC 的新节目《彼得·塞拉菲诺威茨秀》（*The Peter Serafinowicz Show*）在非法分享网站出现时，他把它视为宣传该节目的一个很好的途径。他补充说，事实上，他也曾非法下载那个节目，因为这比试图在网上找到合法授权的版本更容易。

塞拉菲诺威茨说，他会付钱购买电视节目或是电影，不过它的品质要

"比免费的更好"。"我会点击购买,"他写道,"这是简单快速地拥有高品质商品的方法,还是合法的行为,而且也很便宜。"

塞拉菲诺威茨解释,他是在实践自己的"私"经济学。"我最近想要让我儿子看迪士尼经典动画《森林王子》(*Jungle Book*),并试着在 iTunes 里找到它,"他写道,"可惜,它正被埋在迪士尼的仓库里。所以,我只能花几秒钟来下载一个影像清晰的盗版版本。我是否觉得自己这种行为是不道德的?我曾经购买过录影带。迪士尼,这是你的问题!"

不必惊讶,很多留言者都对此表示赞同。有人写道:"这给发行商上了一课:如果你不给我们方便,我们就自己让自己方便。"换句话说,当消费者没有选择时,他们就会给自己做一个。

## 价格相对于成本

网络和数字内容的消费者太清楚自己所购买的东西成本远比旧式生产的来得低。创建一个数字版本的内容,无论是 1 个还是 100 万个,成本都一样。实际上,要重建一个位元,除了硬盘空间外,其他成本都是零。所以,消费者预期数字版本的价格也要因此调低。

报纸可以省下纸张费、印刷成本和运送费用;书本不需要运送或库存;音乐不需要刻在光盘上,也不需配送到商店。任何人只要有一台小型录影机就可以制作一个短片,只要有一台数字相机就可以拍一张火灾、龙卷风或是其他新闻事件的照片,再在本地报纸或电视台上加以分享。任何梦想成为作家的人都可以自己出版一本书,就像那些在书店中看到的书一样——只是内容读起来可能不太一样。

哥伦比亚大学新闻学院院长兼前《华尔街日报》网络版的执行主编比尔·格鲁斯金（Bill Grueskin）表示，当基本营运建立后，服务每一个新增订阅户的成本都会降低。《华尔街日报》一年的网上订阅费原本为49美元，但“当基本营运成立后，服务一个新增订阅户的成本下降，只要8美元。到2006年，订阅一年的价钱已经攀升到99美元，但是服务一个额外订户的成本只要85美分”。当然，没有了印刷版本及广告带来的收入支持，制作编辑新闻内容的成本就会不一样。但这些惊人的数字反映出没有印刷、纸张和物流的数字版本是多么的便宜。

当然，成本依然存在，例如编辑、审阅者以及作家版税等费用，但分销成本已大幅减少，人们也很清楚这一点。在人们心中，你手中拿着的应比你从电脑上下载的来得贵——尤其是你把它下载到一个昂贵的电子阅读器或其他小玩意儿里的时候。

科技的进步消除了制作内容的门槛，消费者越来越清楚生产新内容所需的实际成本。现在，只要拿着一只麦克风和一台笔记本电脑，每个人都可以坐在卧室里当个音乐制作人。你甚至不需要摄影机和三脚架就可以创作一个电视节目。只要使用内置在电脑里的录影设备，年轻制作人便可以制作影片，让数以亿计的观众在YouTube和其他以广告收益支持的网络视频平台上收看。钻研YouTube的人类学家迈克·弗斯（Mike Wesch）指出，单是一个小孩在房间里狂跳《麦阿喜》（*Numa Numa*）[①]舞的视频就有超过5 000万人次的点击，而创造、剪辑和发布这个视频的成本可能近乎为零。

2007年音乐界发生的一件事，正好可以说明这种情况。英国吉他手凯特·沃什（Kate Walsh）决定自行录制自己的音乐唱片。她跑到朋友的房子里，

① 动画《四眼天鸡》的主题曲。——编者注

只花了"数百英镑"（主要用于添置安置在卧房中的厚绒隔音上）就录制完成，然后通过 iTunes 以数字形式发售。出乎她的意料，她的专辑成为 iTunes 上最畅销的唱片，销量很快就超越了著名的接招合唱团（Take That）。

在接受伦敦《标准晚报》（*Evening Standard*）访问时，沃什说："我建立了一个属于我自己的唱片公司——蓝莓派（Blueberry Pie），并在那里创造自己的音乐。非常简单，任何人都能做到。"当被问及唱片的录音及成本时，她回答："你不需要大量金钱去制作一张唱片，也不需要唱片公司的支持，没有广告或市场宣传，你根本就不用担心自己要花多少钱。"

虽然这种成名方式非常少见，但沃什的成功在音乐界并非唯一。几年前，贾斯汀·比伯（Justin Bieber）刚进入青春期，还住在安大略省斯特拉特福的低收入住房里，他将自己唱歌的几个视频上传到 YouTube。一个偶然机会，嘻哈经理人斯科特·布劳恩（Scooter Braun）看到了视频，然后把他挖了出来。为了让贾斯汀吸收经验、树立形象，布劳恩要他飞到亚特兰大。贾斯汀不是要在那里制作专辑，而是让其他孩子用平价的设备为他制作更多的 YouTube 视频。

嘻哈天王亚瑟小子（Usher）听过这些歌曲后立即签下了贾斯汀。贾斯汀 16 岁前就已经发行过两张专辑，成了这个年代最受欢迎的偶像天王。他四处巡回演出，为美国总统献唱，又在麦迪逊花园广场表演。他获得了丰厚的报酬，但他最初的作品却不需要任何制作成本。

从以上案例可知，除非我们极想拥有一张专辑，否则为什么要付出一大笔钱去买它？可以理解的是，内容产业想要收取市场可以接受的最高价格，只是这个市场能接受的价格却不再像以前那样高了。

## 为体验的质量付费

如果你以合理的价格供应一些高品质内容，我保证人们会乐意购买。为什么我敢保证？因为苹果公司已经代我做了一项研究。

在 iTunes 出现前，我的朋友和我经常盗取音乐。当然，你可以在网络上购买歌曲和唱片，但是选择和品质都极有限。而且并非我夸大，整个下载过程非常痛苦。下载的速度很慢，数字音乐又非常有限，而且你大概需要一个计算机工程的学位和十足的耐性才能把音乐传到数码设备里。

所以我们开始盗取音乐——经常盗取。早在 Napster 和 TekNap 端对端技术（peef-to-peer）[①] 分享服务在音乐盗版圈出现的前几年，我们就已经这么做了。我们会到一些名为“Trackers”的黑客网站寻找和分享我们想要的 MP3 文件。与合法的数字音乐商店不同的是，这些应用程序与站点真的很容易使用。

1998 年，我买了最早期的一款数字音乐播放器 Rio PMP300。Rio 看起来像个普通随身听，只是没有了磁带插槽，只能储存 10 首歌。我还记得得到这个播放器时多么兴奋，但当我带着这个新玩意出现时，朋友都嘲笑我花了 200 美元买了一个最多只能储存一张唱片的音乐播放器。就连电子商店的售货员也觉得我是个疯子。我记得他摇着头说：“这些电子音乐播放器只是一时潮流，你买个 CD 播放器就好了，而且更便宜。”

结果，他们的嘲笑一点也没有错。线上购买音乐再将它传到 Rio 要比开车到商店直接购买 CD 更费时。从电脑将音乐传送到播放器要用 20 分钟。

① 又称对等互联网技术，它依赖网络中使用者的计算能力和频宽，本身只是一个连接的平台，并不提供任何实质资源或储存空间。——编者注

这种用户体验真的非常糟，而且价格也非常荒谬。

数字音乐播放器与线上音乐商店能带给人们优质的体验，但科技业还没准备好。所以尽管拥有一个既新奇又昂贵的数字音乐播放器，我还是一样在盗取音乐。

2003年，就在苹果公司推出iPod并开设iStore音乐商店后的几年，我的音乐盗取之路走到了一个凄美的终点。从我的Rio开始，MP3播放器已经发展了一段很长的时间，也多了很多选择。但是苹果公司推出了一个及时又简约的产品：只要按一下按钮，就可以下载、传送和聆听整张唱片。从点击鼠标到按下iPod上的播放键，整个音乐转送过程不到30秒。因为这种便捷的享受只能通过线上购买音乐获得，所以我很乐意这么做。

很多人和我一样。在iTunes商店开业7年后，消费者已经下载了10亿首歌曲。当然，不是所有歌曲都要付钱购买，有些是免费的，还有些是专辑中的附赠品。但就算他们慷慨地送出25%的歌曲，消费者也购买了7.5亿首数字音乐。这么多的音乐，也代表了很多的金钱。

因为iTunes简单、快捷、连贯，而且还能将歌曲存入iPod中，所以iTunes的出现取代了大部分的音乐盗取行为。公司收取的基本费用也很合理：下载一首歌一律99美分，下载一张唱片则是9.99美元。

这也是"私"经济学的一部分。

## iTunes的成功法则

iPod和iTunes证明了，只要价格合理而且体验独特，消费者就很乐意花钱购买。这个想法能够套用在不同媒体上。例如，我曾订阅《纽约时报》的印刷版，并让人送到我家门口。我一年付出 700 美元甚至更多以换取这些黑色墨水与图片，但是我究竟买到了什么？

想当然的，我是在购买那些由这个行业最优秀的人员报道及撰写的故事，不过，这不是全部。我还买了一致性、一份信任、一个好的设计，以及一个吸引人的版面。我购买了一些专业图片与图案，我购买了那个凌晨 4 点起来驾驶货车把报纸送到我家门前的男士的服务。我为可靠性付费，还为那个在下雨时用来保护报纸的蓝色封套付费。我也为能与伴侣或朋友讨论新闻而付费。总的来说，我在购买一些有用的信息和一种社交体验。

在网络上，这些服务大都消失了。我拥有能够显示内容的电脑或手机。如果我使用其他新闻服务或获取《纽约时报》的动态信息，我也会拥有一个自己的版面与设计。如果说我需要付费（《华尔街日报》就是唯一一个成功收费的商家），我似乎是为了一些文字而付费，那一定得是很优质的内容；但如果那是一个充满商品新闻的世界（即内容在哪里都找得到），即使加上为数不少的免费信息，那个价格也仍让人无法接受，尤其是我们已经习惯了免费信息。

我个人觉得网上体验没什么特别与不同。我还是需要待在电脑旁，还是需要花时间浏览（那些链接令我有点透不过气来），而且也没有特别为我个性化订制的内容。以报纸和其他媒体来说，包裹还是一样的，信息在新的平台上，体验也没什么不同。我不认为这能够让我付出很多钱，或是任何东西。

事实上，我们不是花钱买内容，而是花钱买体验。

有一些数字体验让我很愿意掏钱购买。例如，如果他们给我一份个性化和特别订制的电子报，里面包含了我的个人喜好、地点及社交圈，又或者有一个使阅读更加容易、快捷和流畅的软件，我会毫不犹豫地订阅。但现在，很多线上报纸和杂志都刚开始考虑到大众的习惯或是个性化的体验。

我宁愿为体验而不是内容付钱购买的另一个例子是：我喜爱的乐团受邀在某个音乐会上演出。我虽然可以花 10 美元去买一张唱片或是在网上免费收听他们的音乐，但这不仅是"听"音乐，而是一个体验。人们乐意付钱（有时是大笔金钱）去欣赏艺人在台上的表演，去听现场的音乐，去感受互动、跳舞及享乐。你是在购买整个体验，而不只是音乐。

同样的道理也适用于书籍和其他文字产品。我们先不讨论"在屏幕上阅读"与"在纸张上阅读"的区别，而是先想想看书的经验。书籍提供内容和信息，也提供一种享受。看书时，你可能正躺在沙滩上，把脚埋在沙子里，同时沉醉在故事中；或许你正蜷缩在火炉前，吃着巧克力饼干，喝着热咖啡；又或许你只是在飞机上打发时间。以上情况中，你是不是只购买了书里的故事？不，你还买了封面的设计、排版及得到启发的机会。你甚至是在买一种能力——好让你能够和朋友、同事或在酒会上遇到的陌生人讨论那本书。试想一下，如果这本书是印在便签上的，你还想看它吗？大概不会，因为这将是个可怕的体验。

更夸张地说，我们所买下的书中，其实文字所占的位置少之又少。试将一本精装书和极受欢迎的 Moleskine 记事本① 比一下：书本大小的 Moleskine 记事本要卖 20 美元，与许多畅销书的价钱差不多，不过，它们是空白的。你不会拿着一本空白记事本回家，坐在舒服的椅子上，细读这 300 多页的白

① 由坚固的油布封面以及优质纸张制作而成的精美、细致，有如艺术品般的品牌笔记本。——编者注

纸。但是，你会觉得与这本记事本有所关联，而 Moleskine 高雅的封面也会让你觉得书写或绘画在本子里的东西变得很特别。

这正说明了为什么媒体公司很难在网络上销售内容：书本、报纸和 CD 原先给我们的体验无法过渡到那个只有“我在中心”的顾客的数字世界里。娱乐和内容供应商希望人们支付金钱，但却在功能上夺取了个人与产品间的真我体验。所以，你当然不愿用同样的价钱购买。这就像你走到一间餐厅用餐，餐厅厨师告诉你他将收取一样的价钱，不过他需要使用你的炉灶、锅、平底锅、香料、盘子和餐具，哦，对了，你还要自己洗盘子。

那些以销售娱乐、文字和信息为生的人必须知道，他们卖的远不止这些。他们必须销售新的数字体验，让人们购买一种完整的体验，而不只是文字或声音。他们还要说服已经习惯免费获得很多东西的年轻人，这些新的体验真的值得他们花钱购买。

我们是在向一群新的观众做推销，我们需要一种不同的推销手法。

我不想危言耸听，但最根本的大变化还没到来。是的，过去 10 年里，我们的文化已经开始发生一些显著转变。但在未来 5 年，我们将进入一个更极端的数字变形世界。

互联网才 20 多岁，而且在成人世界里尚未出现一个纯正的数字原生代——那些在互联网环境下长大的人（就算是像我一样的科技迷，也比我们今日所认识的网络世界年龄来得大）。数字原生代长大后，不会记得要到商店买书或租 DVD 影片。他们只会在他们希望的时间重播或下载节目，而不会懂得在特定时间收看特定节目是什么感觉。

去年，在《纽约时报》研究与发展实验室里，有位同事正为他在广告公司当经理的朋友介绍我们的办公室。和他同行的是他3岁的女儿。当她在办公室走来走去，触摸和研究眼前每件东西时，我的同事问她知不知道报纸是什么。小女孩停顿了一下，停止把玩手上那个电子玩意儿，然后抬头看着他说：“我不知道什么是报纸，但我知道爸爸的手机里面有。”

对这个小女孩来说，30分钟的新闻节目或4 000字的杂志文章这些概念将不存在，她将在屏幕上或一些我们还没听过的装备上消费内容。

**媒体变革**
I LIVE IN THE FUTURE & HERE'S HOW IT WORKS

这是一群充满动力的、惊人的消费者。他们目前多为初、高中生，但很快就会变成你的同事。他们将为办公室和市场带来一套新的理念与想法。他们的想法会与当前的心态和思维模式（一种我们非常熟悉和习惯已久的想法）产生严重冲突。如果你也希望他们是你的印刷品、电影或故事的消费者，你就得给他们一种真正值得花钱购买的体验。

## 手机，人际关系的代理人

要知道处于中心是怎样特殊的视觉、感觉和听觉体验，只要看一下你的手机就行了。

当手机变得愈来愈复杂，让你能更快速、更方便地上网时，你的行程表和电话簿，以及所有你能想象的装备和游戏几乎都成了你的延伸部分。就算用纸张日历的人也不可能没有手机；人们已经不太买手表与闹钟，因为手机可以提示时间并唤醒他们。有不少人在看电视、听音乐时还看着他们手机上那小小的屏幕。当你在屏幕的中心，你的手机就是你生命、工作的中心，是你和朋友、家人及同事联系的桥梁。

还有，虽然科技电子产品的价格普遍下跌，但人们每个月为手机服务支付的金额却一直在上升：因为他们需要更多的通话时间、发更多的短信，并让孩子拥有自己的手机。

人们和手机之间形成了牢不可破的紧密关系，以至于那些曾经发誓永远不会在屏幕上阅读的人也慢慢改变了阅读习惯。就连纸张的忠实信徒也发现，屏幕和纸张能带给他们相同的感受。

想象一下，你在咖啡馆、公园或办公室，我要你把外套交给一个陌生人。然后，我要他检查你的外套。你看着他检查你的外套时，可能会感到有些奇怪和一丝焦虑。这种体验可能让你有点不舒服，却不会令你太过焦躁——除非你有些不希望别人发现的东西。

现在，再想象一下，我要你将手机交给刚才那个陌生人。当他把你的手机拿在手里，按一下按键，即使他不能看你的私人短信或电子邮件，你可能仍会感到害怕。我知道，因为我一定会。

我们之所以觉得与手机间有种特别的关系，是因为我们经常带着它。我们的手机通常都在我们的身边，让我们能连上网。更重要的是，我们与这些装备的深厚关系来自它们带给我们的人际关系，它们让我们每天都可以和我们所爱、所关心以及其他相关的人保持联系。这个卡片大的、金属材质、玻璃面的装备，成为我们人际关系的扩展。虽然手机无法取代人际关系，但我们却能感受到手机本身与我们的关系，它已经成为人际关系的代理人。

这个代理人的角色是如何运作的？让我们用早期以猴子为对象的一些心理学研究来说明。很显然，这些研究不是要去理解人们与手机的关系，但它们却可以描述我们对手机的依赖与情感，告诉你为什么我们会有这种感受。

20世纪50年代末期，心理学家讨论“爱”在社会中的重要性。有些心理学家认为“爱”不是生存的必要条件，但却是美好生活的一个重要因素。他们认为，食物和水才是不可或缺的，爱并不很重要，只是一个额外的收获。

但其他人相信，爱等同于食物和水，是生存所必需的；他们认为，没有爱，人们可能就无法生存，社会也可能因而衰落。

I LIVE IN THE FUTURE
& HERE'S HOW IT WORKS

**未来探测**

威斯康星大学（University of Wisconsin）教授哈里·哈洛（Harry Harlow）是这一说法的拥护者。哈洛认为，人没有了爱就无法生存；就算活着也不快乐，他们的身体会因此衰老得更快。经过多年对新生幼猴的研究，哈洛在1958年发表了一篇题目为《爱的本质》的论文，证明爱或与代理相连的体验，对我们的生存至关重要。

哈洛观察60只新生的猴子。在猴子出生几小时后，他把幼猴从母亲身边带走，然后让实验室助理用奶瓶喂养它们。第一个实验的目标是观察它们在没有母亲的情况下的成长状况。哈洛估计，当幼猴被完全孤立时，它们的成长状况将很不好。经过一段长时间的孤立，幼猴们进入“情绪冲击”的状态，有几只因为拒绝进食而死亡。

研究过程中出现了一些哈洛从未想过的情况。幼猴对围住笼子的布垫表现出了强烈的感情。他写道：“那些幼猴用力抓着布垫。当布垫因为卫生因素而被拆除、更换时，它们情绪激动、大发脾气。”

这个发现促使他的团队继续进行下一个实验：他们用钢丝及布各做了一只假猴子，然后观察幼猴会如何与这些代理互动。哈洛团队用幼猴和它们的母亲进行了一系列实验以测量爱的重要性。以钢丝制成的假猴子架着奶瓶喂养它们；以布制成的假猴子无法架着奶瓶，但它触感舒适。研究人员发现，虽然幼猴会跟钢丝猴子要奶瓶，但它们每天却要花差不多 18 小时的时间依附在假布猴母亲的身上。

哈洛解释，研究人员不曾想过它们会如此依恋代理，但这一理论却为后面更多关于爱与生存的研究开了路。

这些调查结果也让心理学家们认为，人们与一些令他们感到安全的物件间的关系跟实际的接触一样重要。正如布猴子成了幼猴的代理，手机也变成我们亲密关系的类似代理。因此，我们不仅依赖手机，在某些情况下，还开始与它产生实际的关系。

即使不是与这些玩意儿一起长大的老一辈也依赖它们。我的手机是我连接世界的桥梁。试想一下，下一代与手机的关系会有多深？这层关系从小开始建立，在成长时持续加深，最后，他们将成为“手机原生代”（mobile natives）。

手机也迅速成为多功能一体（All-in-One）的便携式装备。我们不只用手机和家人朋友对话，也用它来查新闻、更新社交网络、拍照、读书、看杂志和博文，以及分享内容。表面上，手机成为了我们的信息枢纽，但绝它不只是另一个用来看东西的屏幕。

研究人员最近在研究，手机如何帮助家长和那些渐渐独立，并越来越拥有自己想法的青少年维持关系。心理学家发现，当青少年开始独立并与朋友在一起，且发现自己的独立性时，他们及其监护人都会觉得带着手机会让他们有种安全感。研究人员认为，手机成为了一个"过渡性客体"（transitional object）—— 一个最初用于幼儿的玩具熊与毛毯的心理学术语。过渡性客体营造出熟悉感和安全感，同时也形成关系。研究人员还认为手机是一个跨越了商业化产品和童年关系的奇怪物体。因此，它成了父母与子女之间一个重要的关联。

研究电视文化重要性的著名媒体理论家马歇尔·麦克卢汉（Marshall McLuhan）相信，我们把自己身边的东西当成自己的延伸。麦克卢汉说，汽车是我们双脚的延伸，衣服是我们身体的延伸。麦克卢汉还认为，媒体是我们沟通能力及需要的延伸。

由于手机功能不断创新，它在未来 5 年很可能成为我们生活中的一个最重要的装备。手机，我们忠实的伙伴，能让我们与任何信息联系；最重要的是，它让我们与其他人建立关系。就这样，手机成了我们关系的延伸。尽管手机不会取代我们与人感情上的联系，但它会扩展和延续人情的交往。虽然纸张、广播、电视甚至室内电话也可以让我们对话与沟通，但唯有手机是高度个性化与即时的。

在众多访谈中，人机互动专家和媒体理论家一致认为，我们口袋里的那个微型电脑正在改变我们与他人的互动，以及互动的内容。

斯坦福大学的 B.J. 福格解释，手机将取代生活里的许多物品，它将成为我们所做一切的枢纽。他说："你只需想想我们与手机之间的关系。我们把它个性化，在首页放上自己的相片，选择字体颜色，然后用它发送短信给朋友，更新社交网络。我们完全依赖手机，也感受到与它之间那种强烈的联系。”

卡内基·梅隆大学人机互动研究所的丹·斯沃瑞克（Dan Siewiorek）指出，我们与手机的关系已经超出了基本通话和与人联系，手机是消费信息的工具，就如同以前的报纸和杂志一样。

手机已成为我们阅读新闻、发掘新事物的装备。因为只要有这个装备就可以完成这些活动，所以我们变得更加依赖手机，并把它作为我们与外面世界的连接点。

当讨论从印刷到像素、从纸张到屏幕上的转变时，我们往往会陷入与纸张、黏合书籍的胶水气味及粗糙的图书封面相关的理论性讨论中。但对于数字原生代和数字移民而言，屏幕已开始有了类似的功用。他们与手机的体验和关系变得更有意义、更重要。我们将在下面两章看到，正是那种重要和强大的个人体验夺走了我们的注意力，并成功地让媒体和科技迈向新的未来。

I LIVE IN THE FUTURE & HERE'S HOW IT WORKS

# 07 小心，前方有分心地带

## 多工族的新工作方式

“一心不能二用”是否正确，完全取决于你“用”在什么地方。

唐纳德·布罗德本特

## 分心地带的弹跳式工作

我们已经很清楚了，在网上时，大脑会用不同的方式互动。塞梅尔神经科学与人类行为研究所的研究（详见第 5 章）显示，大脑阅读图书或看其他静态印刷品时与上网时的反应完全不同，因为网站可以运用所谓“多重工作的故事讲述技巧”。与此同时，新的警告与猜测也翩然而至：有人说互联网和媒体的多重工作把我们的大脑变成一个很大的分心区域，使我们无法再处理复杂的思考和长篇的叙述。不过，我不同意这种说法。

我小时候就已经听过类似的说法。它一次又一次地出现在我的成绩单上：“尼克在学校不专心。”“尼克很容易分心。”“尼克常常走神，他必须专心一点。”你大概会想，啊，尼克是个好人，但他没办法做太多的事。真可惜，他是个有潜力的孩子。

从我无法专心到“你真的生病了”的结论，并非我儿时要面对的唯一一件事，这已成为我生活的一部分。这个标签一直跟着我，无论初中、高中还是大学，甚至进入职场也还是这样。我的思维依然常常游荡，我仍然很难集中精神做一件事。

你大概会想，尼克有注意力缺陷障碍。

无论是不是这个原因，但如果你给我一堆不同的工作，我可以做得很愉快，也会完成很多。我把我的这种工作风格称为弹跳式工作（ricochet working）。而且我会反驳，这不是一种功能障碍，而是一种将会变得很普遍的工作模式。我认为我的大脑的运作方式，和时下很多在网络世界长大的孩子一样。他们是“数字漫游人”（digital wanderers）——在不同媒体、内容及经验间往来，他们当然“很容易分心”。他们大概都会是成功的弹跳式工作者。

有一些大脑只进行部分弹跳式工作，是由它们消费内容的类型和它们消费内容所使用的设备决定的。还有一些是由电脑的发展决定的。

在早期个人电脑为苹果、戴尔和IBM等品牌的时代，光是开机就要花上好几分钟，你一次只能处理一或两件工作，每个程序也要花一段时间才能打开，所以你大概只能一次做一件事。当处理器变得聪明又快速后，电脑开始能够做“多重工作”。它给你窗口的概念：不同工作在不同窗口进行。于是，我们也变得善于在同一时间做不同的事。

早期互联网的使用者也有类似经验——光是连上网就要花好几分钟。那时还要输入密码，听到传真机一样的怪声，点几下鼠标按键，在无可避免的等待后，“全球等”（World Wide Wait）[①] 才会出现在眼前。人们在等待时都会拿起书或杂志，或者玩一下电脑里面的接龙游戏，甚至四处张望以打发时间。慢慢地，电脑的运行速度越来越快，它让我们能够同时执行多项工作。与其用两三秒等待某人回复我的即时通信，还不如在浏览器上多看一两行文章，

① 对互联网的戏称，嘲讽其速度之慢。——编者注

又或者玩几秒最近开始玩的电子游戏。我们适应了一个信息快速流通，而且以电视、收音机、电脑及手机等大量不同形式展现的世界。科技在转变，我们也应用得更熟练，于是大脑也开始适应了。

## 多重工作大辩论

在不同工作之间跳来跳去到底好不好是个极具争议的话题。它可能令我们更聪明、更快捷、更机灵，又或者正如某些研究人员所认为的，它会让我们变得更笨、更容易犯致命的过失。我们可能和库尔特·冯内古特（Kurt Vonnegut）短篇小说《哈里斯·布吉朗》（*Harrison Bergeron*）①中的主角一样，“心理障碍”发报机（“mental handicap” transmitlers）每20多秒就会发出一些使人分心的噪声，目的是阻止人们“因他们的头脑而获得不公平的优势”。故事中，枪击声、撞车声都使故事主角不能全面地思考或对话，或是让他比其他人获得更多的好处。在现实生活里，电子邮件、推文及手机，也使我们不能完成一个句子甚至是完成工作。

1998年的诺贝尔文学奖得主，葡萄牙小说家、剧作家若译·萨拉马戈（Jose Sarmago）在他的小说《失明症漫记》（*Blindness*）中提出了另一个比喻。萨拉马戈的故事以一个我们熟知的世界为开始。人们过着平凡的生活，开创事业、开车上班、成立家庭、赚钱养家，以及完成工作和出席会议。然后，有个坐在车子里的人忽然失明了。他赶去看医生，那个医生很快也变成了一个盲人。

① 库尔特·冯内古特于1961年出版的短篇小说，故事描述了在未来世界中，政府为了实现真正的“平等主义”——所有人都长得一样平凡、一样聪明等，在智商较高的人耳朵里安装了“心理障碍”发报机，妨碍他们思考，以免他们利用聪明的脑袋想出好主意，导致人们之间出现优与劣的不公平现象。——编者注

失明像经由空气传播的病毒一样在社会中迅速扩散开来。政府开始隔离那些有失明征兆的人，把他们送进一所监狱医院。但有一群人没有被这个疫情吓倒，也就是那些在这个神秘疾病来临前就已经失明的人。这群人接管了聚集了一大堆刚刚失明者的阵营。而那群刚刚失明的人受制于一种摸索世界的新方法。最后，那群早已失明的人成了黑暗新世界的领袖。

那些曾经处于不利地位的失明人现在位居优势地位。对他们来说，失明并不是什么新鲜事，他们早已学会如何面对及摸索看不见的世界，并在其中行动自如。

在我眼里，弹跳式工作和那些一边用手机发短信，一边在电脑上打字、分享视频和图像，一边听音乐，一边谈话的年轻人，就和萨拉马戈故事中的失明人一样。那曾经被视为障碍的新工作方式，现在有潜力成为一种重要价值。其实，招聘广告中已常常要求应征者“必须有多重工作能力”。这基本上是在问“你能不能同时处理10件事？”只要在求职网站上搜寻一下“多重工作”，就会得到数百个要求人们可以同时处理事件甲、乙和丙的结果。

我认为，成长过程中一边做作业一边做着其他活动的年轻一代，他们将会以相同的方式面对工作及办公室中的其他事务。正如上一代人以打字机取代了笔，再以电脑取代了打字机一样。但这是不是我的幻想？我们从这件事跳到另一件事就代表了高效率，只是现代社会还无法理解及欣赏？还是，我们只是在太多事情上白忙一场，其实仍在原地打转？

我们能在世界各地以无线方式连上网络，这对现今社会来说是非常重要的。每过一年，我们口袋里的玩意儿都能够让我们做更多不同的事情，怂恿我们不只在空闲时使用它，也要在逛街或开车时使用。它诱惑我们立即回应手机的每一个铃声和震动，以及电脑收件箱里的每一封新邮件提示，而对我们那一代来说，则是去为自己的每一个突发奇想的问题寻找答案。

但是，我们已经知道这种强迫性的行为会带来很大风险，尤其是当我们一边开车一边使用它时，因为开车需要高度的警觉性和灵活的反应能力。虽然我会在同一时间做很多事，但在开车时一向很专心。我的同事马特·里切特（Matt Richtel）在2009年报道过，弗吉尼亚科技运输学院在驾驶长途车的司机帽子上放了个小型录影机，用18个月的时间观察司机们从此地到彼地的旅程中使用手机的情形。结果发现，发短信的司机的车祸肇事率要比那些专心驾驶的司机高出23倍。另一个由大学生用模拟驾驶器进行的实验也显示，一边开车一边发短信的年轻人，发生车祸的概率比专心开车的人高出8倍。

这是否与学习及练习有关？又是否和你的年龄、你对科技的熟悉程度有关？我们是否可能随着年龄的增长变得更有效率且会安全地在同一时间完成这些事情？还是说由于我们大脑的构造，我们永远不可能同时处理不同的认知工作？如果是这样，我们是否应该在工作和开车时间外为Twitter预约一个时间，就好像我们预约上健身房或是按照电视节目表看电视一样，以便我们可以专心工作或开车？

不过，就算我们无法边发短信边开车，这是否就表示我们不能一边和朋友在网上对话或发短信，一边完成作业或其他工作？这是否也表示我们不能接收真正的多媒体故事讲述——一边看视频，一边与图片影像互动，同时在朋友那里留下意见，即以一个全面、完整的方式去接收信息？实际上，我就是这么做的，而且还很成功。

我想确认我是不是一个特例，于是我就人类多重工作的可能性问题咨询了许多知名神经科学家及认知心理学家。我希望通过搜集这些专家的工作成果，使自己能够分享他们的知识，尤其是将其应用到这个正在转变的媒体现状中，并探讨我们需不需要改变自己讲述和接收故事的方式。因此我问他们，我们当然可以边走路边嚼口香糖，但我们是否可以高效率地同时打字、对话以及阅读呢？这么做会不会让我们变得更有效率、更有创意呢？

## 鸡尾酒会问题

早在半个世纪前，正值商务航空业开始大幅增长之际，多重工作这个棘手的问题就已经是职场上的挑战了。20 世纪 50 年代初，飞行管制员面临一个严峻的问题：航空交通快迅发展，飞行管制员需要指挥的飞机数目也大幅增长。很多塔台是用一个扩音器来让好几个人在同一时间指挥好几架飞机的。于是，各架飞机的信息会在同一时间涌现，而这些杂乱的重要信息就变得很难解读。机师们通过无线电向塔台报告他们即将降落以及他们的飞行模式。但这些来自不同机师的信息会夹杂在一起，而飞行管制员就必须去解读这些杂乱的单调声音，并同时引导飞机安全降落。飞行管制员越来越难以专注地注视并引导一班特定的飞机。

“北面控制塔，这是在 A9D 默色（Mercer）出发的波音 737A。海拔 121 米，以 709 千米的速度航行。”类似的杂乱信息来自多架飞机，有时甚至在同一时间传来。飞行管制员要吸收某班飞机的大量信息，更糟的是，一个错误就可能导致极惨重的灾难。

20 世纪 50 年代，英国知名认知心理学家科林·奇瑞（Colin Cherry）了解到这个问题，于是他想知道人们在一般情况下是如何分辨出不同声音的，例如派对上不同人的声音。于是“鸡尾酒会问题”（cocktail-party problem）的研究便随之发展起来。

I LIVE IN THE FUTURE & HERE'S HOW IT WORKS

**未来探测**

人们是如何在嘈杂的鸡尾酒会中认出朋友叫自己名字的声音，又是如何可以不理会身边嘈杂的讨论轻松地和别人对话呢？奇瑞和其他研究员想知道：如果你可以在鸡尾酒会中认出自己的名字并进行交谈，为什么飞行管制员不能解读同时输入的两个语音？

于是，奇瑞开始测试一系列不同的语音问题。在第一组测试里，他录制了两段由同一个人朗读的文稿，然后把两段录音同时放给同一个人听，看看他能不能分辨出这两个信息。实验对象会被要求聆听其中一个信息并把听到的两个话题分开。奇瑞在20世纪50年代写道，结果显示，“虽然声音很杂乱，但这两个信息可以被分开”。人们能够用一只耳朵集中聆听，然后用另一只耳朵把另一个内容推到一边，这就好像父母一边用一只耳朵交谈，而同时用另一只耳朵听孩子在房间里做什么一样。

奇瑞进行了一连串测试，用不同的语言、句子、口音去测定一对声音在什么时候可以被辨认，什么时候不行。在另一个测试里，他叫人们戴上耳机，希望借此直接把一个信息传到右耳，把另一个信息传到左耳。在测试过程中，他会慢慢改变不同的设定和输入，又同时鼓励参与者不要只专注于用一只耳朵聆听。

开始时，他尝试了一大堆古怪的想法，例如在左耳播放一个英国人在说德语的声音。在这个测试中，实验对象被要求解读他们听到的东西。奇瑞之后又尝试男女声之间的口音转换，甚至是反播一个预先录制的声音。某些属性被参与者完全忽略了，有些则很快就被认出。

他推测，某些因素可以帮我们分辨不同的声音，例如，声音的方向和人们嘴唇的可见性。其他的还包括简单的男声或是女声、话题、口音，以及声调的高低等等。

奇瑞没能找出大脑的内部运作方式，以及它是如何在鸡尾酒会里一边专心聆听与对话，一边删掉不相关的声音的。但是，他发现了我们是如何过滤信息的。奇瑞发现了一系列可以帮我们分辨、过滤大量语音信息的因素。口音、声调以及声音传来的方向，都决定了大脑会处理什么。虽然奇瑞发现大部分参与者都不能同时接收两个对话，但他也发现大脑依然有一定能力去处理其他的语音输入，就算它不能处理或记下全部的信息。

几年后，这个研究范畴继续扩展，关键实验显示，当输入被大量简化时，人们就更能辨别不同的语音输入。例如，如果有人一只耳朵听到“面包”，然后另一只耳朵听到一个预设的单词“刀子”，就可以组成“面包刀”。在这种情况下，他们可以用两只耳朵来理解。但如果他们一只耳朵听到“面包”，另一只耳朵听到一个和“面包”完全无关的词，如“化油器”。在这种情况下，他们可以理解或记下对话的可能性就变得很低。这项由心理学家唐纳德·布罗本特（Donald Broadbent）进行的实验显示，“只有很少的信息可以被同时处理，绝大多数都不可以”。他在一份被麻省理工学院信息工程学家引用的研究文章中指出：“‘一心不能二用’这个讲法是否正确，完全取决于你‘用’在什么地方。”

关于鸡尾酒会问题的研究仍在进行中，它从一开始就是为了帮助电脑理解声音，而不是要去破解多重工作的秘密。但在60年后，研究人员依然试着理解鸡尾酒会的问题，以及当听到多个声音时，我们的大脑到底发生了什么事。2005年，麻省理工学院出版社出版的学术期刊《神经计算》(*Neural Computation*)中写道："可以说我们尚未完全理解鸡尾酒会的现象，相关研究也还有好长一段路要走。有关人类语音知觉的能力之谜尚未解开。"

不过，鸡尾酒会问题的研究也已明白地告诉我们，大脑能够同时辨认出多个输入。多重工作的能力问题并非是与否的二分问题，而是由手边的工作决定的。我们不能安全无虞地一面开车一面发短信，这并不代表我们不能同时与多人在对话框交谈，也不代表我们不能接收一种同时包含声音、视频和评论的新形式书籍。先前的研究显示，只要内容有所关联，它们的个别部分就可以同时被接收，也能够为我们带来一个更吸引人的故事。

## 大脑眨了下眼

关于鸡尾酒会问题的研究已经超过60年了，脑部研究也成了主流领域，现在已经有几千个关于脑部运作的新研究和成果。要理解多重工作的争论，尤其是关于故事讲述方面的，我发现我需要对脑部运作有更深入的了解。很多神经科学家告诉我，研究人员对脑部的运作还不是很了解。正如理查德·海尔指出的："首先，进行脑部研究真的很令人兴奋。再者，我们对脑部完全不了解。"另一个神经科学家指出，我们仍然不知道为什么大脑可以命令我们的手去拿起一杯水，再把它送到嘴边。

虽然如此，我们仍在一步一步地试图理解脑部的运作，以及如何将这些知识应用到未来的故事讲述上。以下研究将让我们更清楚地看到，大脑在未来某些情境中将会如何运作。

20世纪90年代初，班格尔大学(Bangor University)心理学教授珍·雷蒙（Jane Raymond）想理解我们的眼与脑是如何合作的，以及它们处理信息的能力。她和研究人员发现，人类大脑只能在某种速度下运作，直至它遗漏某些东西。也就是说，在某种速度下，大脑不会处理眼睛传来的信息。

雷蒙及其同事把这种情况称为注意瞬脱（Attentional Blink）。这里的“瞬脱”并非眼睛传送信息到大脑时遗漏的信息，而是大脑本身好像“眨了下眼”一样。①

雷蒙使用了一个名为快速序列视觉呈现的测试（Rapid Serial Visual Presentation，简称 RSVP）。测试时，会高速、连续显示不同的形状和字母，显示速度可以快到每秒 10 个图像。她发现在某一速度下，大脑就会遗漏一张图像。大脑甚至没有这件事的记录，就好像真的眨了下眼。

过去 20 年，世界各地神经科学实验室的研究人员都在研究注意瞬脱的现象，并尝试理解脑部遗漏信息以及只能在一定速度下看到特定内容的重要性。有个主要结论是，有些工作的确会限制大脑同时做两件事，虽然它们能够以很快的速度依序进行两件事—— 一个快得你甚至很难说那不是同时进行的速度。

澳洲昆士兰大学（University of Queensland）心理学家保罗·杜克斯（Paul Dux）尤其想知道，就像电子游戏可以改善我们的反应时间及察觉能力一样，我们是否能训练大脑，让它运作得更快。

杜克斯把大脑描述成一个“在我们双耳之间十分先进的处理系统”，它可以做很多就连电脑也做不到的神奇事情。但他也指出，大脑也有很严重的缺陷。“你根本不可能一边开车一边打电话。”他说，“我们也发现很难同时

① “瞬脱”和“眨了下眼”的英文均为“blink”，这是双关的修辞手法。——编者注

做两件视觉任务，又或者同时与多个物件互动。”

他总结道，大部分时间，“你不可能进行多重工作，无论那些工作有多么简单”。但他也很好奇，这是否只是因为我们从未被要求同时进行多重工作。基于过去研究的假设，他问：“如果练习多重工作，我们会不会变得更能胜任？能否改善自身的能力？”

杜克斯与范德比尔特大学（Vanderbilt University）神经科学家勒内·马华（René Marois）合作，要求实验参与者同时做两件非常简单的事。例如，让参与者在电脑屏幕上看两个色盘中的一个。而后，参与者被要求在当他们见到其中一个颜色时按下右手食指，在看到另一个颜色时按下中指。当参与者专心分别屏幕上的色盘时，他们同时被要求听着不同音调的声响，并报告他们听到的是高音还是低音。

杜克斯与马华发现，虽然人们绝不能同时进行两项工作，但可以通过重复训练来改善他们多重工作的能力，进而改善处理信息的速度与准确性。实际上，经过几个星期的连续训练及练习，参与者快速转变的能力提升了将近10倍。杜克斯及其同事能够得到这个结果，主要是通过训练脑部负责处理这些多重工作的前额叶皮质层（Prefrontal Cortex）。

当然，我们会有多大改进将因人而异。对某些人来说，这些工作永远都做得比其他人更快更好。有些人只有很短暂的注意瞬脱，而另一些人注意瞬脱的时间则较长。在实验室中，只有短暂注意瞬脱的人在分辨符号和字母的测验时都能获得很好的成绩；而注意瞬脱时间较长的人则很难分辨出连续出现的第二个图样。

杜克斯指出，这是因为“注意瞬脱时间较短的实验对象，比其他人更善于抑制不相关的信息。他们基本上可以不去管与手边工作不相关的信息。如果屏幕显示了一个随机的图案和颜色，他们会忽略它”。相反，注意瞬脱时间较长的人在进行一项专注工作时很容易分心。“因此，这个瞬脱的效应不只是关于人们如何处理信息的，还关系到人们如何面对分散注意力的事物。”他说。

对于会让人分心的事情，那些注意瞬脱时间较短的人会“忽视及抑制它们。他们并不是完全不去处理它们，而是积极地约束它们”。这是在理解人们如何处理信息时，必须指出的一个细微但很重要的差异。杜克斯推论，信息可能在开始时成功地进入大脑，但这些人非常擅于把这些信息剔除出去，阻止它们妨碍到其他工作。

这种技巧被称为执行力（Executive Function）：大脑用来组织、计划、安排及处理各种分心事情以及多重工作的方法。当人的执行力处于良好状态时，就可以集中精神工作，并排除一切冲动以及所有妨碍工作的分心事情。自然，这种能力在学校已成为热门话题。因为能够改善学生执行力的练习与课程，将帮助学生们学习得更快，并提高数学等科目的成绩。

科学家约翰·梅迪纳（John Medina）表示，这种帮助我们边上网边看电视的认知技能，应该也是源自前额叶皮质层，即“布罗德曼第十区”（Brodmann's area 10）[①] 所处的位置。梅迪纳是分子发展生物学家，他大部分研究集中在与人类脑部发展有关的基因上。他同时也是色彩丰富而且十分有趣的《大脑当家》（*Brain Rules*）一书的作者。在我和他最近所做的访谈中，梅迪纳解释脑部接收同步信息的能力位于布罗德曼第十区。在介绍布罗德曼第十区的潜能与限制后，梅迪纳谨慎地指出，多重工作不一定是有效率的工作方式。他解

① 脑中判断是非对错的中心。——编者注

释说，我们每转换一次工作会花掉700毫秒的脑力，当你只转换一两次工作时，这个数目不是很多，但在8小时的工作时间里，加起来就很可观了。

700毫秒这个数目首次出现在2001年美国联邦航空局（Federal Aviation Administration）的约夏·鲁宾斯坦（Joshua Rubenstein）和密歇根大学（University of Michigan）的大卫·迈耶（David Meyer）合写的一篇研究论文中。鲁宾斯坦和迈耶当时正在研究多重工作对需要留意多项输入的人所造成的影响，例如飞机驾驶员。

我在不同访谈中曾分别询问梅迪纳和迈耶，700毫秒这个数目会不会增加，还是每个人都一样？由布罗德曼第十区负责的快速工作转换只能以700毫秒的间隔发生？他们都认为，虽然现今研究还没有找到与此相关的任何实证，不过下一代年轻人的工作转换应该会比我们现在来得快。他们也指出，像我这颗伴着电脑和电子游戏长大的脑袋，应该也会转换得快一些，甚至可以达到350毫秒的速度。不过，迈耶警告说，我们都知道人都有极限，我们最终只能以某个最快的速度转换工作。

梅迪纳也指出，虽然人们在社交环境进行这种高速转换应该没有问题，但他认为，如果在专业环境中高速转换工作会对人们产生负面影响，因为在把工作换来换去之际，我们会慢下来，或浪费掉宝贵的时间。换句话说，我们也要多点责任心。

## 多重工作妄想

梅迪纳和杜克斯及雷蒙一样，坚持让大脑每次只处理一件事——无论有多快，每次都只做一件事。“我们可以加快转换的速度，但大脑永远不可能同时做不同的事。”他说。

但我很好奇，我们不是都在做多重工作吗？我问梅迪纳，为什么我还是孩子时，可以一边听音乐一边做作业或看书？如果我坐在一个安静的房间试着写东西，反而变得容易分心。不过，如果背景有些人声或音乐，我就可以坐着并愉快地工作几小时。现在，我也不能集中精神，除非我正在同时做两件不同的事。

梅迪纳解释，因为我已经习惯了这种工作模式——他称之为“特定状态的学习”（State-Specific Learning）。音乐基本上是用来帮助大脑排除让人分心的白噪声（white noise），它能使我集中精神。换句话说，我的大脑已经习惯结合这些东西：我专心手上的工作，音乐则是背景噪声。

**媒体变革**
I LIVE IN THE FUTURE & HERE'S HOW IT WORKS

我成长期间所做的，其实跟不同年代要去适应那些更新、更容易令人分心的科技的人所做的没有什么不同。面对这些新科技，消费者必须找出将它们融入生活的途径。他们需要决定在什么时候看书、听音乐或是看电影；对大部分人来说，这些新的体验不会摧毁旧有的体验，只不过分裂了现有的媒体消费。

斯坦福大学教授克利福德·纳斯（Clifford Nass）发展出一套理论——他称之为“部分迁移理论”（Partial Displacement Theory），来解释新的媒体（如电视及互联网）的发展：它们不会立即取代旧有的媒体，人们只会迁移到新的媒体并把它们融入现有的习惯中。有很长一段时间，大部分人的车上有一个卡带式的播放器，但会在家中使用 CD 播放器；之后，车上会有一个 CD

播放器，但口袋里会有一个 iPod。人们不会在电视出现后就不听收音机，而是会找新的时间和地点去消费旧的媒体，当某种媒体被迁移时，它也正在开始与其他媒体融合。

试想一下我们生活中有多少媒体：杂志、报纸、电影、电视节目、几千个网站、朋友的对话和文字信息，还可以一直列举下去。但一天之中，我们只有有限的时间去消费它们，因为我们还要工作、吃饭及睡觉。

工业革命把印刷过程机械化，生产了前所未见、数量繁多的印刷品。这迫使我们来选择我们要看什么（西尔斯罗巴克[①]商店的商品目录在 19 世纪初经常被放在户外厕所中，这大概不是巧合。它们是人们的读物，页面也可作其他用途）。收音机在 20 世纪 20 年代变得非常普及，但并没有导致人们不再阅读书籍、报纸和杂志——它只是改变了我们在印刷品上花的时间。

毫无疑问，你一定看过客厅中的一些家庭照：爸爸，妈妈，三个小孩很开心地望着一个巨型箱子—— 一台收音机。人们会花一个小时坐着，入迷地听着电台节目。一开始电台的选择非常有限。然后，不同的电台和不同种类的节目出现了，我们慢慢开始花更多时间来收听收音机。很快，更多的节目和选择出现。那个傍晚的“一小时收音机时间”，变成了两小时、三小时；很快，人们不再望着收音机，他们重新往下看，一边阅读报纸和书籍一边收听广播。换句话说，他们在多重工作。

电视机在第二次世界大战时到来，它并没有取代当时摆放在客厅角落的收音机——虽然有不少人猜测它将被取代。不过，电视的确改变了我们在什么地方和什么时间使用收音机。现在大多数家庭都会在客厅看几小时电视，

① 美国大型零售商。——编者注

并在车上听收音机（20 世纪 20 年代出现的科技）。

虽然电视没有立即变成潮流，但它仍然代表一种新形式的媒体挤进了我们的日常生活。而后，它让我们花更多时间在新闻、信息和娱乐上。没有什么能与在从前没人想过的地方接收这些不同形式的故事相比了，加上一天的时间有限，人们开始在同一时间进行多项活动。他们一边听收音机一边看书，或者把电脑放在大腿上用来看电视。就这样，他们进行着媒体多重工作。

消费者没有在报纸与收音机中做取舍，他们决定同时拥有两者。或者，我不用选择是在笔记本上看不同的网页、电视节目、发短信给朋友还是玩电子游戏，我可以在同一时间进行这些活动。我们的下一代将会找出更多消费组合，他们更能够平衡不同种类的媒体。

我们的大脑只需几毫秒的时间去转换工作，而且我们也好像已经习惯了这种转换（起码不会觉得不自在）。虽然科学家对于转换工作的优缺点的看法并不相同，但科学家、心理学家和传播理论家都认同：我们不可能再回到过去。无论我们把它称为多重工作还是场景转换，也无论这对社会是好是坏，都无关紧要。我们全都已经开始同时进行多项工作了。虽然如此，还是有方法能够帮我们将一些高速却不重要的多重工作阻挡在外，而这涉及一种更好、更身临其境的故事讲述方式。

鸡尾酒会问题的研究显示，假如大脑正在处理相关信息，那我们就能更高效地记录和处理手上的工作。如果内容创造者、老师或父母想让下一代的年轻人更投入，那就必须利用他们多重工作的心智去创造出新的故事讲述方式，好让他们能够把接收到的信息关联起来。我们都要学习如何和“容易分心”且“心智四处漫游”的一代人对话。举例来说，在看纪录片时，与其给我一个机会去发短信或推文，为什么不让我的电脑为我提供附加信息，例如维基网页或其他观众的意见，进而制造一个动态的、多屏幕的体验？

## 多工族时代

或许，没有任何一群人能比正在读高中、大学或20多岁的年轻人更容易接受多重工作了。2006年，《时代周刊》的科学编辑克劳迪娅·瓦利斯（Claudia Wallis）以《新多工族时代》为题，进行专文报道。文中叙述了初中生、高中生、大学生如何从一个媒体跳到另一个媒体，一面即时通信一面做作业，同时还在电脑上用iTunes播放歌曲，甚至还同时把一个耳机塞进耳朵里。

研究人员对于年轻人需要同时做不同事情这个过分的需要感到震惊，这些年轻人甚至会因此放弃家庭晚餐或者愉快的对话。研究人员把这种现象视为最近数十年来发生在家庭动态中的最大转变。在成年人身上，我们也看到了相同的情况。在会议或午餐期间，人们掏出他们的黑莓手机或iPhone查看电子邮件，并对你说："我在听你说话。"

年轻人好像极擅长同时穿梭在不同的媒体间，一项由凯瑟家庭研究中心（Kaiser Family Foundation）进行的研究显示，年轻人花在媒体上的时间与之前的调查相比没有太大差异，大概都是6.5小时。但通过使用即时通信软件或收听音乐并同时看电视或在电脑上工作，年轻人把8.5小时的媒体体验塞进6.5小时的时间里（这篇研究论文发表在2005年，"8.5"这样的数字正在不断上升中）。

在《时代周刊》的另一篇文章中，14岁的男孩皮尔（Pier）解释他如何做作业："我通常会在学校里做完作业，要是没有，我会打开书本并在电脑开机时做一个题目或写一个句子，然后，在收发电子邮件时，再多做一些。我一点一点地把它完成。"

我们当中有些人应该很了解这种感觉。你的电脑浏览器有20个窗口；你在即时通话中间查看电子邮件；然后，你跳到某篇文章上，尝试多读几句再回到之前正在做的事情上。你已经很擅长这种事了，对吧？

但你和那些年轻人是否真的很善于多重工作呢？虽然所有的神经科学研究都证实我们可以通过练习提升多重工作的能力，但也有些传播理论研究认为，在工作之间转换是不实际的。例如，最近一份由伊亚尔·奥非拉（Eyal Ophira）和克利福德·纳斯为美国国家科学院撰写的论文就指出：我们正在自我欺骗。

I LIVE IN THE FUTURE & HERE'S HOW IT WORKS

**未来探测**

纳斯和奥非拉都是斯坦福大学人类传播与互动媒体实验室（Communication between Humans and Interactive Media Lab）的研究人员。纳斯现在是实验室主任，他的主要工作是研究电脑对人类生活的影响——无论好坏。由布莱恩·里维斯（Bryon Reeves）与纳斯合著的《媒体等式》（*The Media Equation*）一书就探讨了电视时代的到来对我们文化的影响。

从2009年起，纳斯和奥非拉开始研究多重工作是否能让人们的认知测试成绩及记忆技巧变得更好。他们假设：那些能轻易从一件工作转到另一件工作的人会比只能集中在一件工作上的人做得更好，就好像练习提升了电子游戏玩家的敏捷反应一样。研究人员假设那些可以同时使用不同媒体的人更能够排除令人分心的信息。

研究测试包括让参与者看屏幕上一连串红色和蓝色的长方形。参与者被要求忽略画面上闪过的蓝色长方形，只注意红色的长方形。那些认为自己是低度多重工作者的参与者，在忽略蓝色长方形时没有遇到困难，而那些认为自己是高度多重工作者的参与者却因为蓝色长方形的出现而分心。这些测试也使用字母及其他速度进行，但在每项测试中，都是低度多项工作者的表现比高度多项工作者的表现更好。

这项结果令人震惊："高度媒体多重使用者在工作转换能力测试中表现最差，很可能是因为他们排除阻碍的能力较低。"换句话说，高度媒体多重使用者的专注力比低度媒体多重使用者差。纳斯解释说，高度媒体多重使用者很容易分心，而且工作速度较慢。

但是，所有我采访过的研究人员也认为，在进行更多研究前我们还不能妄下结论。即使是我采访过好几次的纳斯，他也认为人们还要花费多年时间才能真正认识大脑在多重工作社会中的真正表现与限制。

2010 年，在纳斯发表多重工作研究一年后，一个由犹他大学（University of Utah）两名研究员发表的研究报告指出，有少数人能够真正地进行多重工作。这项研究共有 200 位大学生参与，他们被要求在模拟驾驶器内一边开车一边使用手机。毫不奇怪，他们几乎都失败了。但有一小部分人（2.5%）拥有"超级多项工作"的能力，他们可以一边开车一边进行其他工作而完全不受影响。这些超级多重工作者甚至在另一项测试中再次表现出这种技能。不幸的是，没有任何线索能帮助研究人员找出谁是技术高超的驾驶者；而且，有很多人认为自己的开车技术非常高超。

虽然年轻人（大约在25岁之下）似乎比其父母更适应这种转换，但这一代的多工族仍有其需要面对的问题。

I LIVE IN THE FUTURE
& HERE'S HOW IT WORKS

**未来探测**

美国加州州立大学心理学系及传播学系的L·马克·卡里尔（L.Mark Carrier）和南希·齐弗（Nancy Cheever）访问了1 319个人，他们分属三个不同年龄层：生于1946—1964年的婴儿潮时代（Baby Boomers），生于1965—1978年的X时代（Gen Xers）及1978年后的网络时代（Net Geners）。这项调查问及他们有过的同步经验，例如一边听音乐一边玩电子游戏和发短信，或一边发电子邮件一边看电视。

研究人员发现，有些工作是所有年龄层都无法混做的。例如，很少有人说他们能一边玩电子游戏一边使用即时通信软件。你大概已经猜到，很少有人能一边读书一边发短信或电子邮件。但研究显示，所有年龄层都有大量的多重工作。研究人员指出有些多重工作非常简单，不论你年纪多大都能进行，例如，所有年龄的人都可以一边听音乐或吃饭，一边做其他工作。

卡里尔原本假设，大部分媒体多重工作都发生在年轻一代身上；他也相信年轻人更善于同时进行两项工作。但研究人员发现，所有人在不同程度上都同时使用着多个媒体，即使是认为有较多的工作比较难以同时进行的婴儿潮时代的人也是如此。

卡里尔也发现，所有年龄层的人都认为某些工作组合很难同时进行。例如，阅读是最少与其他工作同时进行的（虽然46%的网络时代的人认为他们经常这样做）。这个结果并不让人意外，因为阅读需要深入思考。你在阅读时“需要很高的知觉，需要用到高度的推理思考能力，需要加入想象。认真阅读是一件很费心神的工作。它要求你对读物专心一致，也要用到你的长期记忆”。书中有大量信息需要你去推论，并且要求你发挥想象以得出结果。这些都令你很难一边阅读一边发短信或回复电子邮件。

而且，那些较难的、真的需要动脑筋的工作可能并不吸引人。卡里尔的研究显示，对于年轻人来说，“传统的阅读——印刷品的阅读，并不吸引人”。但这不代表每一种阅读模式都是这样，也不代表所有年轻人都这么认为。当学生们有机会接触到多媒体教学，他们就会觉得这种模式很有趣。年幼的儿童更常接触这些新的刺激，他们现在习惯以另一种视觉与听觉的刺激思考、工作。“他们不会觉得印刷品是唯一能带来知识的东西，也不会觉得它们是学术的最高典范。”卡里尔说。

卡里尔有关阅读的论点，正是多重工作备受争议的重点。孩子们放学回家后打开电脑（大概用来做作业），但同时也可能看电影、和朋友聊天，或者更新社交网络的状态。然后，当他们拿本书坐下时，他们的脑袋会对他们说：“等一下，我不习惯光是坐着看这些文字。图案在哪里？我的对话在哪里？弹出的窗口在哪里？”

阅读是个需要非常投入的工作，而且认真阅读需要想象力，并需要运用到脑部的不同功能。阅读还可以迫使大脑深思及内省。这也是脑部成长和人们心灵成长所必需的一部分。但这并不代表所有的阅读或学习都要以这种形式进行：它可以和其他媒体方式取得平衡，让大脑运用不同的学习工具。

电子书的创新大概会改变未来我们对阅读的看法。例如，一本关于美国内战的历史书除了文字和地图外，可以同时加入视频。又例如，读了葛底斯堡之役（Battle of Gettysburg）之后，你能够以士兵或将军的身份走入战场，“身临其境”地感受这场内战。

又或者阿尔伯特·爱因斯坦的传记能够有一个互动的人像程序。你可以问他关于他的生平或相对论的问题，你可以与一个演员互动地对话或一起读爱因斯坦的论文。在我看来，这听起来是种引人注目的学习体验。

这种形式的刺激和学习可能就是下个时代所要求的。在凯瑟家庭研究中心的媒体访问中，一个 17 岁女孩解释说："如果不能同时做很多事，我会变得很闷——因为每件事都会出现很多的空当时间，等一个网站出现、等一个广告结束，等等。"

我们将会在第 8 章看到，这种体验推动未来的故事将获得成功。那些以讲述故事为生的人会觉得压力越来越大，他们被迫必须去创造一些有许多层次的内容、附加的社会回馈以及真正的互动体验。没有以上这些，他们最多只能获得一点点的关注。

从科学及研究的角度来看，卡里尔相信，当教学及故事讲述的方式增加了更多同步的媒体，你将"需要更高的知觉、需要用到更高程度的推理思考、需要加入想象，而且也会产生更大的动力"。

现在，当我想起我在写作本书的过程中学到了什么时，我相信齐弗是对的。我自己的探索体验包括访谈、看视频、上课以及阅读论文和书籍。我创造了自己的互动学习模式。我希望这些研究人员的研究资料会被存档、可被搜寻，并以不同的形式提供，以帮助未来的学生及研究人员。如果故事是以多工族所习惯的方式所呈现的，他们就会竖起双耳聆听；至少，他们会对故事多一些关注。

## 都市多工族与郊区多工族

之前讨论过的研究显示了我们的大脑是如何高速地适应及融入新的环境的。有些转变是反复的，发生在新科技出现但并进入我们生活时；另一些是新的、爆炸性的——我们那个还未被充分利用的大脑总会自行变化，并重新适应那些新体验。

如果古腾堡在500年前发明了互联网而不是印刷机，我们的大脑也不会因此爆炸或化作绿色黏液。因为正如我们今日所做的，我们会找到方法去运用新科技，并让它们帮我们分享信息及故事。

到底是我们创造科技去满足大脑对刺激的渴求，还是大脑只是在努力地适应外界环境？我访谈的大部分科学家都赞成，是大脑对刺激的渴求推动了科技的进步及创新。我们想知道得更多，我们想去看、去嗅、去感觉、去聆听，用我们所有的感官去体验。年轻人在成长过程中，在他们自己的学习和探索中品尝过这种滋味，为了他们自己和他们的孩子，他们会想要更多。

阅读和想象依然重要。但是我们怎能期望，每天花三四个小时上网、决定自己的媒体路线并完全投入全互动的故事体验的孩子们，能安静地坐着看本书或电影？尤其是当那种体验疯狂刺激着他的大脑时。有些人可能会说，当然了，这个被宠坏的（或是笨蛋）小孩缺乏专心的能力；又或者假设他们有注意力缺陷障碍，所以他们不应花太多时间上网，因为这会让问题变得更严重。

有人会立即作出反应：应该减少玩电子游戏、上网或者发短信的时间，但认为弹跳式工作是个必须“解决”的“问题”是错误的。问题不在多工族身上，而在于他们的媒体。如果我们换个角度看又是如何？这些旧式的内容，例如书籍、电影、电视及报纸，可能没有适当地配合新科技、年轻人和成年人的期望，另外，人们的大脑在今天已经改变了。

电子游戏和互联网并不会对我们的大脑或社会造成损害。学习如何同时控制 14 个按钮或探索充满内容的网页是有益处的，而这也不会成为学习的障碍。我已经说过，研究指出，电子游戏玩家有更好的手眼协调能力、更好的视觉注意力以及更好的空间形象化技能。

这并不表示所有书籍和电视节目都要变得像嘉年华一样，充满色彩、声音和移动影像，有一个内置的侍从放在页底。我们应该找到一个平衡，而结果应该是由内容及对象决定的。

约翰·梅迪纳在他的著作里强而有力地解释道，没有两颗脑袋完全一样。他以迈克尔·乔丹为例——乔丹是世人公认的最杰出的篮球选手。乔丹的大脑是为篮球而造的，与地球上其他人相比，他的大脑更适合篮球这项运动。但梅迪纳也指出，当乔丹决定去打棒球时，他却是最差的球员。

同样的道理也可以应用在我们的媒体上。“底线是，”理查德·海尔对我说，“如果把我们的大脑比喻为恒温器，有些人的恒温器设定的温度很高，有些则很小。所以，你可能很喜欢摇滚音乐，却讨厌参加演唱会。因为你觉得演唱会太刺激，人太多、太嘈杂，即使你很喜欢那些音乐。又或者，试想一下那些喜欢在郊区过周末的人，他们觉得郊区能让人放松；但还有另一些人——那些都市人，他们迫不及待地要离开郊区回到都市，因为郊区缺少足够的刺激。”

当更多内容类型以不同形状、不同大小永久地被搬上屏幕时，未来10年的美好之处，是人们将会有能力去选择适合自己的体验，让你可以投入符合你超个性化喜好的刺激中。



如果你想消费一种平淡的故事，那你有你的选择。如果对你来说，这不能刺激你的大脑，你就应该再找一种能令你身临其境的体验来弥补。而且，如果内容创造者不愿意用这种新的方法为你讲述故事，你可以自己创造一个替代品。

这不会是个全有或全无的问题。都市的人们依然喜欢在周末开车到郊外，只是他们开车离开的速度可能比住在郊外的人快一些。

I LIVE IN THE FUTURE & HERE'S HOW IT WORKS

# 08 未来的样子

## 一个充满新鲜和不同体验的新世界

未来已经降临，只是分布得还不够均匀。

威廉·吉布森

# 在月球上吃晚餐

科幻电影《少数派报告》（*Minority Report*）中有一幕场景，汤姆·克鲁斯饰演的角色在被警员追捕时决定藏在 Gap 服装店中。在那里招待他的不是一个笑容满面、活生生的店员，而是一位能干的女店员头像。那个透明的女店员用眼球扫描器扫了他一眼就认出了他，并记起他最近买过什么。

“你好，山本先生！”她和他打招呼，“欢迎再次光临 Gap!”

“你喜欢那些不同款式的背心吗？”那位数字店员问。

这一幕只有 16 秒钟的长度，但已经成为广告行政人员、设计师和技术宅们的膜拜对象。从某方面来说，电影上的这一幕既滑稽又真实。通过这段简短的对话，你可以瞥见一个刺激却也令人害怕的未来。隐含在眼球与扫描器的短暂接触里的，是一种可能出现的全新购物方式。但更引人入胜的，是一种全新的生活体验的潜在可能。

这就是所有科技激变要把我们带到的地方：一个富有新鲜及不同体验的

新世界。现在，网络和数码装备已经改变了你在哪里阅读、观看和聆听什么。它们已经改变了与你互动的社群，重组了你的脑部结构，也改变了你对地图、地点甚至是朋友和关系等所有事物的想法。它们将你接触世界的方式从第三人称（third-person）视角转移到第一人称（first-person，而且是一个超个性化的第一人称）。这些变化大部分是在使用者把新科技带入日常生活，并适应了科技为他们带来的变化后涌现的。

现在，企业需要弄清楚他们应如何在这个正在转变的环境里做调整及销售商品。正如《少数派报告》里的虚构情节一样，是由Gap、星巴克、汽车制造商、报社、出版社和电影制作人决定采用哪一种科技，以及如何善用它们来推广自家的产品、演出及内容。最后，某些公司会赢得胜利：获胜者将会是那些为顾客创造最好和最有意义体验的人。

《少数派报告》里的概念是由很多具有远见卓识的人与未来学家构想出来的。电影导演史蒂文·斯皮尔伯格（Steven Spielberg）要其设计团队想象一下2054年的未来面貌。斯皮尔伯格借助了著名作家，如道格拉斯·柯普兰（Douglas Coupland）和斯图尔特·布兰德（Stewart Brand）的创意天赋，同时和麻省理工学院的界面设计师合作，如约翰·昂德科夫勒（John Underkoffler）——他也是该片的科学顾问。

一组参与设计电影销售体验的创意团队说："顾客在店里不用亲身试穿衣服，他们可以用一种虚拟的方式试穿。"你身体的立体影像将被储存在你的手机或手表里，这些信息会被传送到一个真人大小的"虚拟镜子"上。电影销售体验的设计者海里格斯塔德（Gale Herigstad）说："你可以从镜子中看到特定尺码和款式的衣服穿在你的虚拟身体上。"你甚至可以把自己放进一个不同的环境中，如公园或办公室，以便知道那件红色洋装或蓝色套装在灯光暗淡的派对中看起来如何。然后，你可以将那个场景的图像发给朋友，并问："这条牛仔裤是不是显得我下半身很胖？"

有些人可能觉得这一切来得有点可怕并具有侵入性。一个电脑系统将会知道你是谁、你上次购买上衣的时间、你真正的腰围和臀围（就算它们已经和上次购物时不同），以及你喜欢的袜子和内衣。现在，我们已经可以看到一些尝试。有段时间，Levi's 牛仔裤为顾客提供个人尺寸的"完美合身"牛仔裤，但 2004 年，在它关闭最后一间本地制造工厂后就停止了这项服务。在 Lands'End 商店，如果你输入自己的尺寸，它会显现出一个数字模型让你看看衣服是否合身。但与今天的数字科技的可能性相比，这些尝试都相对粗糙与落后。今天的数字科技可以把你的独特身材曲线都计算在内，再加上一些设定，它甚至可以说出你的约会对象可能会穿什么。想象一下，你可以在手机中放入个人的精确信息和偏好风格，而不再需要在试穿 30 多款牛仔裤后才找到最舒适和合身的。

其他也是在起步阶段但没有在《少数派报告》中使用的构想，例如，由柔性屏幕做成的壁纸。团队曾经模拟一个拥有这些数字壁纸的餐厅环境。如果你想在威尼斯用餐，你只要告诉餐厅老板，你的座位旁就会出现许多行进中的意大利小船，而你也会被送到运河边。又或者你想在月球上吃一份鸡肉三明治：没问题，这也可以做到，而你甚至不需要换上太空衣。又或者你身处纽约而家人在洛杉矶，你们可以通过虚拟壁纸一同用餐。当然，你不可能递番茄酱给他，但却可以享受对方的陪伴，并享受到二人同处一室的感觉。

其他没能挤进电影的构思还包括提供一处能让信息超载的人们喘息一下的"绿洲"。设计者想象出一个收费的选择，人们可以进入一个完全受监控的空间放松自己，并把外界的信息隔绝在外。在那里，你可以在一个合乎你心意的受控环境中（在听觉或视觉上）重新启动你的思绪。海滩爱好者可以感受加勒比海的平静一小时；而登山爱好者则可以在珠穆朗玛峰平静地自处。这些构想并非要取代真正去海滩的旅行，而是让你在这个更紧密相连的世界，面对无法阻挡的信息流动时获取一个休息的空间。

我们不仅开始看到这种体验把我们带到另外的世界，更看到它在以一个比斯皮尔伯格在2002年的电影里所想象的还要快的速度发生。我们正在目睹一个不同的社会，我们的生活被越来越小但越来越强大的移动设备，以及在网络上与我们如影随形（即使身在现实世界）的喜好所改变。下一个挑战就是，把这些科技能力转变成有利可图的生意，以配合消费者增长的需要。当然，纸上谈兵比真正实行要容易得多。好消息是，正如本书一开始所提到的色情电影一样，虽非一体适用，但有一些产品能够获得成功。

## 屏幕大小有关系吗

每当人们知道我做什么工作时，总会问我一些同样的问题。首先是，纸张印刷品的“寿命”还有多久？接下来的问题是，谁会取代它？ Kindle？Nook？ iPad？还是一些未上市，人们甚至从未想过的东西？它可以被卷起来吗？它是像卡片般小，还是像整张报纸一样大？

在会议、晚餐派对，甚至是在办公室里，无论我去哪里都会听到这些问题。人们总想知道有哪个装备可以解决纸媒被取代后产生的所有问题。有很长一段时间，我也承认，自己想过将会出现“一个解决所有问题的装备”。

我在《纽约时报》研究与发展实验室做的其中一件事，就是试着回答这个问题，并评估下一代报纸将会变成什么模样：一种专属于报纸的iPod。我的一部分工作就是紧跟着即将推出的电子阅读器和屏幕科技，并去了解未来2~20年数字阅读器和屏幕的发展方向。这不是件容易的工作，却很有趣。

购入新的玩意儿是这项工作中最好的一部分。我们追踪每一样有按键与电源的东西：电视的行动感应遥控器可以让你像用电子游戏摇杆一样操控客厅；可以同时响应几根手指的操作并能够完全卷起来的屏幕；跟你的手机或电脑无线连接的虚拟键盘，这种键盘能将按键投射到任何事物的表面上——从桌面到路边，来让你打字；小拇指大小的微型投射器可以放出约1米宽的影像，这个宽度比一般的屏幕还要大；还有电子阅读器，如索尼阅读器、亚马逊Kindle、苹果iPad和手机专用的阅读程序，以及一系列不是为美国市场打造、专为欧洲及日本设计的前卫阅读装置。

我的桌面不断提醒我这些装置的开发和推销速度。我坐在一堆打开的盒子、装箱单和包装中间。我身后三张长台上放着过去10年生产的电子阅读器。我们把那堆键盘、屏幕和电线叫做“小玩意儿自助餐”。

被把玩和试验着的这些古怪新颖的发明，帮助我们提醒公司里的人感知到被装置转变的世界。它们也帮助我们理解市场的走向，以及每件产品将如何影响新闻。例如，如果人们开始在电视上读新闻，我们就需要为过渡到一个较大的屏幕做好准备，并相应地找出编排和展示《纽约时报》的方法。

虽然我和同事经常亲眼看到什么产品成功，什么产品失败，但却无法在阅读器的合适形状和大小上达成一致。在研习会、鸡尾酒会或会议上听到人们的提问越多，我越清楚我们需要不同的装置：有些要有按钮、有些要有触控屏幕，有些要可以卷曲、有些要坚固，有些要大一点、有些要小一点。每个人都有自己的喜好。我的结论是，正如我们拥有不同尺寸的电视机——从口袋般大到比一间纽约的公寓还要大，我们大概也要很多不同种类的阅读器。

有个假设是越大越好，但这不一定对。克里夫兰州立大学（Cleveland State University）教授薛瑞·布拉肯（Cheryl Bracken）在过去10年研究人们处理媒体内容的方法，并主要研究屏幕大小和质量与观看内容是否有关系。她想知道为什么有人会在一个2.5寸的iPod屏幕上看电影，即使他可以坐在沙发上用一台42寸的电视观看？不过，这不只是一个基于她本人的假设。布拉肯想理解下一代，即数字原生代的一代是否有相同的感觉。

I LIVE IN THE FUTURE
& HERE'S HOW IT WORKS

**未来探测**

布拉肯和她的研究人员找来98名大学生测试在不同屏幕上的观看体验，试图去找出一种体验是否比另一种更愉快，以及当故事是为大屏幕制作，却在小屏幕上观看时，观看者对故事的理解会不会失真。

学生们会分别在一个2.5寸的iPod屏幕和一个32寸的电视上看两段不同的电影剪辑。每个片段大约10分钟。其中一个片段有段剧情稍长而且缓慢的戏；另外一个片段比较快，有不少快速的镜头和一幕汽车追逐场景。

理论上讲，参与者应该会觉得在大屏幕上看电影会比在小屏幕上更投入、更身临其境。实际上，结果有显著不同。在iPod上看电影的学生认为他们的体验投入而且身临其境，比在电视上观看者的满足感高出两倍。

为什么？布拉肯说，研究发现iPod的耳机有效地隔绝了外在环境，让观赏者更能专心地观赏。再者，使用iPod的参与者觉得对故事及观赏体验拥有更大的控制权，因为他们确切地把体验掌握在手上。用手拿着数字装置让你能够随个人喜好调节观赏位置；相反，一个架在墙上的大电视需要你去迁就它。换句说话，屏幕的大小、声音和舒适度并不是这些数字达人的观赏体验的决定因素。出乎意料的是，对过程和体验的控制、排除分心的能力，和一个置身其中的体验才是最重要的。

这并不是说这个微小的装置就是每个问题的答案。大卫·林奇（*David Lynch*）就是一位不想在手机小屏幕上看电影的人，他曾获奥斯卡奖12次提名，并执导过《蓝丝绒》（*Blue Velvet*）、《双峰》（*Twin Peaks*）和《穆赫兰道》（*Mulholl and Drive*）等著名电影。林奇不只是不想用这种方式看电影，他还认为选择以这个方式去体验的人不能领略到他所执导的电影中所有被注入的效果。在最近的一个电视访问中，他愤怒地蔑视用手机看他电影的人，他说："现在，如果你正在用你的手机播放电影，你永远，无论几亿万年，也不会体验到电影。你会认为你已经在体验它们，但你被骗了！"在短暂停顿后，他对着麦克风咆哮："如果你认为你能在这种手机中看一部电影，那是很可悲的！面对现实吧！"

好的，我们可以假设林奇不会在他的iPod里看下一届的超级碗（Super Bowl）。但这就是数字体验的美好之处。我绝对接受在我的iPhone中看《穆赫兰道》，林奇也许会选择电影院，你可能选择在家中的沙发或在你的电脑上看。数字媒体让我们能够选择符合个人喜好的事物，而不是把所有事物都概括起来。

但是小屏幕设备总有其局限之处。微型工具的其中一个局限，来自我们视觉上的光学准确度，也就是科学家所谓的"人类的视觉感知"（human visual perception）。当屏幕、字体或细节很微小时，我们就必须尽力睁大眼睛来试着把它们看清楚，但效果通常不佳。最终，大小影响我们集中精神的时间长短。这就是为什么我们在阅读非常细小的图文，或观看一个有着太多细节的东西时会感到头痛的原因。

不过，若人们可以在2.3寸的iPod屏幕上享受电影，那么究竟多微小才算得上微小呢？你可以满足地在一个邮票大小的屏幕上观看《明星伙伴》（*Entourage*）吗？你的极限在哪里？

I LIVE IN THE FUTURE
& HERE'S HOW IT WORKS

**未来探测**

英国朴茨茅斯大学（University of Portsmouth）的研究人员在测验屏幕大小对学生及其学习的影响时，遇到了相同的问题。最初，他们想了解能否在学校教学中使用手机；如果可以，会不会存在一个临界点，一旦超过那个临界点，缩小了的屏幕就开始影响学生们的学习体验？研究人员挑选了一组在学儿童，测试他们在超小型屏幕中学到了什么。

学生们被要求在三种不同屏幕大小的手机上观看不同的短片，而后测试他们可以记下多少信息。不过最大的屏幕也差不多才4寸，中等的屏幕就相当于iPod的大小，最小的那个屏幕刚好比1.5寸大一点。

其中一个播放给学生们看的短片内容是折纸教学示范。之后，学生们被要求试着依照记忆做一次片段中的示范。从大屏幕和中屏幕上观看教学示范的学生记下了足够的信息，屏幕大小并不影响他们的学习、对片段的记忆或是这个练习的享受程度。可是，以最小屏幕观看的学生们跟用其他两种屏幕的学生们一样，得到了相当的满足和享受，只是他们能够唤起的记忆相对来说要少得多。

带领这个研究的尼潘·马尼尔（Nipan Maniar）指出，这项研究显示，在中或大屏幕上观看教学片段的学生们记下的信息明显要多得多。他认为一个中等大小屏幕的手机，会在未来 10 年成为课堂上的必要装备。老师们可以利用无线网络发送作业，做一对一的沟通，甚至允许学生们以高度个性化的方式配合视频、阅读、多媒体和游戏来学习。

**媒体变革**

I LIVE IN THE FUTURE & HERE'S HOW IT WORKS

是否有一种似曾相识的感觉？ 这将是一个属于“我”的教室？

每个人的大脑构造完全不同，是独一无二的。我们要求 20 个学生在同一个时间阅读同一本教科书，就像期待一群学生可以用同一个速度跑一公里，又或是有同等的能力去画一幅静物素描一样。我们的大脑不是这样构成的。

使用屏幕和数字教学可以让儿童按他们自己的步伐、以合作的方式进行学习，而这是纸张所不能提供的。

## “1，2，10”，不同设备无缝转换

虽然智能手机现在才成为最热门的商品，但过去几年间我的大部分工作就已经在围绕着这些移动设备。而且，有一个很好的理由：就在 2009 年年末，全球有将近 4.6 亿使用中的手机。即在全球 6.6 亿人口中，手机的渗透率已高达 70%（有些人拥有两只手机）。我们随身携带这些小工具，每天从小皮包或口袋中拿出、放回许多次。就在它们进化的同时，我们对它们的依赖也在升级。

包括我在内，好几位科技专家也相信，手机大概会在未来 5 年超越台式

电脑成为连线上网的中心点。但这并不表示台式电脑或客厅中的大型电视屏幕即将没落。反之，那些已连上网络的设备将能够互相沟通与互动，就像今日科幻小说里的情节一样。

我在纽约大学教授一门“1，2，10”课程。这些简单的数字代表了屏幕和你眼睛的距离。当你用手拿着手机与电子书时，它们与你眼睛的距离大约是 1 尺；电脑屏幕距离你的眼睛大约是 2 尺；客厅里的电视到你眼睛的距离，你大概已猜到，约为 10 尺。这个课程的构思是探索内容如何自动随着你从这个屏幕走到另一个屏幕，从这个地方走到另一个地方。有了这种体验，内容就可以自动改变并适应你不同的装备或不同的所在位置。

“1，2，10”的概念呈现了一个难以想象的挑战。设计一个电视屏幕的界面——和你通常有 10~15 尺的距离，与设计一个和巧克力块一样大小的手机界面是完全不同的挑战。我还教授班上的学生，除了大小的差异外，还要考虑可以让顾客无缝转换进行不同的体验而不影响到整体体验。

试想你正在用办公室的电脑读一篇网页上的新食谱。当你从办公室回到家里，你的电视应该知道，你刚读了这篇文章，并在屏幕上自动显示这份食谱的视频剪辑。与此同时，你只要按下身边的手机按钮，电视就会马上把食谱传送到你的手机里，好让你隔天可以到食品店买食材。若你还想有更棒的功能，就想象你的冰箱这时会通知你的手机，在这份食谱中冰箱里已经有的材料。

我相信下一波进入电子市场的产品将带有反映人所在位置的技术，这会允许更多定制化和个性化信息、娱乐和广告的传送。举例来说，如果我星期五下午 4 点在布鲁克林的斜坡公园（Park Slope）看报，我看到的内容应当反映出当时的时间（接近晚餐）、地点（附近有什么）等信息。我正在阅读的新闻应该知道当天我读过哪些，哪些还没有读。如果我不喜欢运动，那关于运动的报道就不该出现在我眼前。此外，还应该纳入我朋友阅读的以及我的社交网络正在讨论的内容。最重要的是，系统应该自动自发地做这些事，而不用等候我的指示。

同样，不管你是在看什么或做什么，这些信息都可以伴你左右，任意地从电脑转移到手机或电视。如果你高兴，也可以让这三样设备同时显示不同的内容。这让我想到我的朋友迈克所遭遇的挫折，他和我一起在《纽约时报》的研究与发展实验室工作。某个星期一早晨他来上班时，我问他周末过得如何，他说有点沮丧。他告诉我，看棒球赛的最后一局时，有位朋友叫他到几个街口外的酒吧一起看最后的比赛，大家一起喝点饮料。迈克很希望去见朋友，但又不想错过比赛的每一个画面。“我真希望节目内容跟我一起走，毕竟我的手机知道我要出门，也知道我正在看电视转播的球赛。”他说，“我的手机应当知道这一切，并且在我去酒吧的路上传送更新的画面给我。等我抵达时，手机应该知道我又回到电视机前，从而停止传送。”

这不是科技狂不切实际的理想，也不是乌托邦式的幻想。事实上，迈克和我决定建立一个类似上述体验的雏型。不过我们没有用棒球比赛，而是把《纽约时报》上的新闻报道当成我们的缪斯女神。这种技术的主流版本还不存在，所以我们不得不动些手脚并“入侵”电脑。

首先，我们找来一只手机，在里面放了一个 RFID（radio-frequency identification，即无线射频识别）芯片，然后在电脑上装一台 RFID 读取器。RFID 是一种微小的电子芯片，可以储存简短的信息，通过无线传输到 RFID 读取器上以区别不同的芯片。许多企业，包括我工作的地方，都会发 RFID

芯片给员工以取代钥匙，作为他们进入办公大楼的识别卡。有些信用卡中也装有RFID芯片，只要在自动提款机前一挥就可以使用，不需要再插入进行扫描。利用这些芯片和我们的手机，迈克和我只要将手机放在办公桌上，就能让电脑知道我们身在何处。

要追踪一个人的所在位置，其实只要小小的“入侵”一下电脑就可以了：将你的手机放在办公桌上，让电脑知道你在那里。拿起你的手机，然后走开，电脑就知道你离开了。使用这种侦测方式，迈克和我写了一些代码，来追踪我们在纽约时报网阅读的文章——可以在手机和电脑间自动来回传递文章，不需要我们做任何动作。假设你正在读尼克·克里斯托夫（Nick Kristof）的评论，刚读到一半，我们知道你还没有全部读完，若你离开办公桌，其余的文章会自动出现在你的手机上。在我们想象的情景中，发展更深入：当你上了车，你的手机会开始自动播放你刚刚阅读的文章的声音文档；或是当你到家时，你的电视里有个3D影像开始为你朗读其余的部分。

目前，上述这一切有许多还是一厢情愿的想法。首先，这当中涉及的许多设备仍然没有连上网络。电视在有线电视网上，手机连接手机网络，而电脑则连接到一个个独立的网络公司。倘若所有这些体验都转移到网络上，它们就可以轻松地开始互相对话了。目前，新一代的汽车已经开始具备上网功能，还可以发电子邮件给我们，提示“加油的时间到了”。

这个三屏幕概念已经行之有年。我可以在我的电脑和手机上检查我的电子邮件。如果我在其中一台上删除我的电子邮件，就等于同时删除了每一台机器里的那封信。我可以用电视、电脑、音乐播放器或手机听音乐。但现在，我必须分别为每一台机器下载音乐。麦克对他的手机的真正期待是，它能和电视相互沟通。就跟上百万为自己的智能手机每月交25美元的人一样，麦克心里打的如意算盘，正是会让这类人心甘情愿掏钱的另一个原因——假如他们发觉这对他们的日常生活有用而且有价值。

## 付费体验而非购买内容

每天，我们都会看到有人愿意付钱体验特别的经历，如非小说书籍或报纸上令人大开眼界的重大调查、吸引大家争先恐后地进电影院的电影、激动人心的演唱会、动人的小说，当然，还有色情产业。

通常你根本用不上什么特别的科技，或是非比寻常的创新：我会到我最喜欢的布鲁克林咖啡馆买咖啡，这是为了享受一定品质和便利而付钱。在其他情况下，付钱是因为产品既有的附加价值：有些读者会支付和演唱会相同的票价，报名参加《纽约时报》举办的系列讲座——演讲者都是报社最知名的作家，所以通常都是满座。我自己则掏钱订阅《纽约客》杂志，因为该杂志刊登的文章一直都很迷人，无论我是在书本上看，还是在网站上浏览。对孩子来说，他们体验到的可能是结合传统形式的电视与新兴媒体。比方说，近来最热门的青少年电视节目《爱卡莉》（*iCarly*）。这是用20世纪80年代末期MTV的拍摄技术拍摄的一档快节奏、引人入胜的节目。这档节目剪辑快、视角多，有时会以第一人称的观点来拍摄，让观众觉得仿佛自己就是拿着摄影机录像的人，有助于提升年轻观众的参与感——就像一个社交网站。就跟色情电影里的演员会和观众聊天、分享他们生活中的一些小事一样，《爱卡莉》里的青少年演员也会在节目网站和社交网站上和他们的粉丝交流，在每期30分钟的节目结束后很久，剧情还在继续上演，演员还在与观众对话。

要脱颖而出看似相当容易，但要找出正确的方式来整合，并充分利用新技术来创造耳目一新的视觉体验，为何会难到让人感到受挫呢？若是好的内容可以被制作得很有意义，为什么大多数媒体人仍然觉得乌云罩顶，不看好未来的收入呢？

以出版业为例，目前已经展开了一场在众多技术、方法之间的战争。显然，在未来的某个时刻，纸张将会因为生产成本高昂，而且没有以屏幕显示的数字产品好卖而被摒弃；就算不是大多数，我们之中还是会有很多人在应用程序中读书。不过虽然有这么多出版社在进行电子书的试验，但到底什么是最好的（甚至只是很不错的）浏览方式，至今仍不是很明朗。

虽然我们不知道最后什么会成功，“私经济”的世界以及各种硬件设备成本的萎缩，意味着我们未来或可选择自己偏好的阅读设备。网络书商迄今所采取的做法就是如此。线上书店亚马逊最初就选择低价路线，为人们提供一个简单的黑白阅读器和一个大型电子书库，号称操作简单、价格低廉，希望借此来吸引人气。根据《纽约客》媒体作家肯·奥莱塔（Ken Auletta）的观察，由于大多数书籍的价格都定在 9.99 美元，所以事实上每卖一本就多赔一点。但亚马逊认为，低价有助于拓展市场占有率、提升消费者的忠诚度。奥莱塔表示，目前看来，Kindle 用户购买的电子书确实比他们之前仅有印刷品可选时要高出许多。

电子书销量增加的一个原因是价格，但还有其他因素证明，有人是为了体验，而不仅是为了书的内容而买书。Kindle 提供无缝的购买体验，订购方式简单又迅速。例如，你从朋友那里听到一本新书，可以通过 Kindle 连接到书店寻找那本书，几分钟后，新书就会传到你手中。

亚马逊不只在网上销售书籍，它还销售杂志和报纸，但订户数量出奇地低。Kindle 杂志和报纸订户的确切数字没有公开，不过《时代周刊》的记者乔什·奎特纳（Josh Quittner）在 2009 年的 5 月刊上写道："销售排名第二的《华尔街日报》，到目前为止也仅有 5 000 个电子订户。"《纽约时报》是 Kindle 用户订阅率最高的报纸，一则意外流传到网络上的内部备忘录披露出其订户约在 1 万出头。虽然我找不到确切的数字，但据我从亚马逊内部人士中得知的信息，在亚马逊推出的三种 Kindle 上，订阅率最高的报纸或杂志合起来的总订户，也不过五六万。为什么图书销售量如此高，其他报章杂志却这么低呢？问题在于浏览报纸和杂志的体验很糟，它们纯粹是在销售内容——亚马逊只让出版商将他们的内容排进类似书籍的页面，没有影像、没有排版、没有和其招牌相匹配的品质，只是纯文字页面。

其他早期电子阅读器的生产者，包括消费技术界的龙头索尼，也试图提升舒适度和易用性，以抢占电子阅读器市场，不过索尼在这两方面都功亏一篑。索尼的电子阅读器从来没有办法让读者享受到亚马逊的便利，整个阅读体验都有问题。他们的第一代产品需要一条 USB 线才能将书存到阅读器中，而该公司直到 2009 年 12 月才推出电子报。我有第一代和第二代的索尼阅读器，然而我不得不承认，从索尼书店买电子书实在很痛苦。

现在，亚马逊、索尼和其他公司可能都落在苹果的 iPad 以及内置谷歌移动机器人作业系统的电子阅读器的浪潮之后，要知道这两者都提供了几十种应用程序来阅读电子书。

苹果复制之前以 iPod 抢占音乐市场的成功经验，推出高阶产品，以彩色屏幕、快速反应以及添加各项"酷"元素为卖点，抢占电子书市场的占有率。iPad 的价格是 Kindle 的两倍（至少在初期是这样），而且苹果网络商店（iBookstore）的电子书定价为 14.99 美元，这让许多出版商眉开眼笑，但也引发了苹果和亚马逊之间的争斗。

2010年1月，当苹果首席执行官史蒂夫·乔布斯在六百位果粉面前展示iPad时，他谈到一致性、简单与单一界面。乔布斯带领他的观众体验买书的便捷，然后一边看书一边谈这三个要点的细节。他解释道："我们创造了新的iBookstore，并且和iBooks的应用程序充分整合，让你可以寻找、购买和下载电子书。"乔布斯坐在舞台的一张黑色椅子上，通过iBook的应用程序带领观众浏览各项功能。他解释说："你若是用过iTunes或App商店，那你对这'界面'应当很熟悉。"接着他买了一本书，立刻下载到iPad里。整场展示共4分钟，这期间可能并没有特别令人兴奋之处，但这正是乔布斯和苹果想要的。他们不想让人思考除了是否买书以外的其他决定，剩下的一切都应该是直截了当而且简单的。

过去几年都在忙着扫描、将几百万本书数字化，并且和一群作者打版权官司的搜索引擎龙头谷歌，也加入了这场混乱的战局。他们目前在一个叫做"电子书市场"（Ebook Markerplace）的网络商店销售书籍——图书可以在电子阅读器和手机等各种设备上读取，也可以在一般书店销售。我在为《纽约时报》写一篇报道时，访问了一位谷歌的执行官，他表示公司希望利用他们具备的搜索实力，为客户打造完美的体验。

书商除了要克服在电子阅读器上买书便利的挑战外，还要面对其他难题：讲述故事的方式。消费者渴望更多的互动以及更好的故事讲述形态，要有彩色屏幕、多点触控的互动，以及和朋友社交的功能。在某些情况下，内容创作者不得不试验新方式，让读者甚至观众参与其中。

到最后，所有公司都会处在同一水平面上。谷歌、苹果、索尼、亚马逊、巴诺书店、小型电子书商甚至一些出版商，都将直接提供书籍给消费者，而且是销售相同的内容。书商和书籍创作者都必须提供更好的体验——不论是买书的另类体验，还是在这些新奇的设备上补充或附加故事讲述，以吸引消费者来光顾他们的商店。

**媒体变革**
I LIVE IN THE FUTURE & HERE'S HOW IT WORKS

我们无法预测吸引每个客户的因素。有些人可能完全以价格来决定是否购买，其他人或许会依订购的难易度、故事的互动程度或故事讲述的时效性来决定。有些人甚至仅以即时性为考量。但有一点是肯定的：内容仅是这整片大拼图里的一小块。

## 一个人人参与的讲述故事的世界

当各大龙头相互角力推出最佳产品与最棒体验时，很多像我这样的人也不断以现有的科技做些尝试，想要享受即时性、网络化以及个性化。我对新科技的适应力很强，总是兴奋地拥抱任何我可以弄到手的新兴技术。在某些人眼中，我仿佛活在未来。要不了多久，你也会加入我的行列。或者，正如科幻作家威廉·吉布森所言："未来已经降临，只是分布得还不够均匀。"

我知道，这些技术正在以惊人的方式改变我们的生活与工作，也颠覆了整个产业，造成很大的恐惧和焦虑。我希望读者在读本书的过程中能吸取到一些东西，对我们即将迎头赶上的事物有所了解，其中一点就是，明白这样的担心是适应生活方式剧烈改变的正常反应。焦虑不安与无所适从都是可以理解的。但别忘了，在人类历史中，我们一次又一次地适应与前进，而在这样的过程中，我们学会讲述更好的故事，这是无法靠以往技术做到的。在火车取代马车，汽车取代马匹之后，电台和电视直接将信息送入我们的家里，反客为主地占据了客厅；漫画、电子游戏和 iPod 提供了新的娱乐方式，而我们一次次生存了下来，并茁壮成长。作为一个社会和经济体，在面对这股新涌入的快速移动的信息时，我们还是能生存下去、蓬勃发展。

此外，可以放心，故事讲述仍将是我们生活的核心部分。我们可能会继续发 140 个字的推文，但也有越来越多的人在当中附上照片、视频和故事的链接。换句话说，这些推文已经成为报道他们个人生活的头条新闻标题，还有更详细的资料在后头。即便我们都从纸张转移到图像，我们仍然会阅读像一本书一样厚的内容，也会看那些靠和大家分享 1 000 字、5 000 [redacted]字故事而获薪的专业撰稿人所写的新闻报道。

长篇内容的形式不会消失，即使我们不再在纸张上阅读，而是将之纳入影片，或在叙事过程中加入感应器和强化器。而且，人们还是会付费体验所有这些形式，在这样的体验中，包含重大意义的内容就非常重要了。

在报界工作，我完全明白为何同事与读者对新闻的命运感到焦虑。这份不安明显而真实，报业正以惊人的速度掉到谷底，徒留一个问题：新闻的未来是什么，还会有新闻存在吗？

**我相信未来还是会有新闻媒体和新闻行业存在，不过它们会以截然不同的方式存在。**这当中有些组织可能会越来越专业化或个性化，仅服务于相对少量的读者需求，而不再面对广大的市场，这有点像是从前。在我们所知的报纸和记者出现之前，富商和掌权的神职人员会付钱给个人，请他们当专业通信员。16 世纪，这些通信员会被送往其他城市搜集信息，然后发信给他们的雇主，详细报道航运新闻与价格。第一份报纸其实是发给个人的私人情报。

当第一份稍具规模的报纸开始成形时，人们仍然是当中对话的一部分。某些英国历史学家认为，当第一批报纸问世时，有些报纸会鼓励读者写下自己的想法，然后再传给下一位读者。一直到18世纪，出版商才开始向广大群众销售新闻。

因为新闻仍然与未来的消费者有关，所以许多报社和新闻机构都必须适应并改变。20世纪20年代，由于沃尔特·李普曼（Walt Lippmann）和约翰·杜威（John Dewey）这两位作家、思想家加入有关报纸角色的公开辩论，关于新闻的社会角色的理论发生了剧烈变动。李普曼认为大众无法适当管理[redacted]他认为要由专家[illegible]字或 70 000 [illegible]大家他们需要知道的，[redacted][illegible]工人光是想办法付账单[redacted]，也没有知识能提出与政府或社会相关的好问题。基本上，李普曼认为，记者的角色就是要告诉大家他们需要知道什么，以及该如何思考。

相较之下，杜威认为穿鞋的人会知道哪里疼。他认为只有当人们理解国家所面临的问题时，民主制度才能运作，而报纸与记者便是负责其中对话的完美载体。他认为，受过教育的人、传播工作者和记者的职责，便是想尽办法让人们加入，成为新闻的参与者，即使群众的理解有限。基本上，他主张让大家都和记者一起工作，告诉他们要报道什么。

在大多数情况下，李普曼的理论获胜，这主要是因为报业和印刷业者的结论是，记者的功能是告诉大众他们需要知道的，而不是进行对话。不过风水轮流转，时至今日，钟摆又回到另一边。随着博客、评论、Twitter、Facebook、YouTube和其他简单的交流工具等新社交网络科技的兴起，群众获得的集体声音达到了前所未有的规模。现在，民众和印刷业有平等的发言权，他们也不再袖手旁观，任由主流媒体来决定当天的要闻。最后造成的结果是改变了21世纪新闻报道的方式，而在这过程中可能会增加更多的对话，让想要参与的人得到更多的个人体验。这样的演变完全符合报纸的历史。

其他类型的新闻将会以字节和位元的形式到来。当越来越多的信息可以在数码设备和感应器上读取时，我们将看到感应器和算法变身为记者。公开的政府议案和data.gov这类网站的设置，正形成一个分享政府信息和数据的枢纽，可用于报道、搜集信息。我们正在进入一个新时代，由算法搜集的信息和人类策划与诠释的新闻报道之间的界线日益模糊。等这一切混入社交网络与网民共有的声音中时，未来将出现结合李普曼、杜威、电脑和一般大众的完美组合。

## 断尾求生

报业和其他媒体已经尝到这些变化带来的苦果。某些新闻媒体已经败给了聚集新闻的科技公司，如谷歌和雅虎，这是因为他们发布消息的方式更灵活。想要快速适应这股变动，如果思考够周全的话，可能还有机会。有些公司最终因过不了这关而停摆瘫痪。随着瞬息万变的品位和迅速演变的技术，那些犹豫不决的公司可能真的会败下阵来，而积极采取行动的公司就有可能赢得这场比赛。

看看苹果，这家早期的电脑公司已经将触角延伸到音乐、音乐播放器、手机和新的电子阅读器中。2007年，苹果的首席执行官乔布斯面临一项艰难的抉择：必须决定是否引进一项新产品，而这一产品可能重创当时销售量极佳的一款产品。

将近30年的时间里，苹果都在销售个人电脑、相关软件和周边设备，这也是他们主要的获利来源。但2001年苹果推出了iPod—— 一个迷你的音乐播放器，最终改变了整个音乐产业。到2006年，iPod成为其核心业务。2006年年底，苹果发表的财务报告显示，当年最后一个季度售出了2 100万台iPod，成绩亮眼。iPod和iTunes的业务一共带来40亿美元的收益，当时，苹果那一季度的总收益是71亿美金。相较下，Mac电脑的收益仅为24亿美元。你可能认为，苹果会尽一切努力来维持iPod的收益。但实际上，他们另有所图。

苹果明白，音乐播放器最终会被内置在手机或其他装置中，成为附属功能。因此，2007年苹果在旧金山举行“Mac世界”（Macworld）研发者大会时，乔布斯站在台上发布了两项声明。第一，该公司决定将名称从“苹果电脑”改为单纯的“苹果”——这清楚显示出他们意识到公司的蜕变。第二，苹果将推出一条新的生产线：iPhone。

乔布斯向这群睁大眼睛的怪才解释道，这台光滑亮丽的小工具不只是手机。当然，它可以打电话（虽然信号不是特别好，可这要拜AT&T电讯网络之赐）。它还有收发电子邮件和上网的功能，还有地图应用程序和日历，顺便说一句，它还内置了免费的iPod。

这是一个冒险的举动。购买iPhone的顾客肯定不会需要一台iPod，这款手机势必会蚕食公司的核心业务。但是乔布斯心里有数，他若不放弃iPod，大胆走出这一步，其他公司也会。

这一举措得到了回报。2010年第一季度，苹果宣布其收益跃升至134亿美元，几乎是2006年年底的两倍。iPhone推出后，苹果的销售业绩大幅增长。2010 年年初，其市值惊人地高，达到 2 500 亿美元，超越劲敌微软，成为全球最大的科技公司。虽然这一年苹果只售出 1 090 万台 iPod，仅是三年前的一半，但还卖出了 875 万台 iPhone。

乔布斯知道，若他不先断尾求生，别人也会。以新产品来取代核心业务的风险极大，但这就是乔布斯的哲学，也是他在早年败给微软后学到的——当时苹果在那场电脑战争中失败，让微软成为电脑世界的主导力量。自从 1996 年乔布斯回到苹果，在这间公司的崛起之路上，创新一直扮演着重要的角色。但除了创新之外，还加上了一份愿意让自己受欢迎的产品过时的气度，如此才创造出了全世界获利最高、最成功的科技公司。

同样的挑战也适用于其他行业。目前还有些报纸、杂志、图书出版商和音乐公司努力抓着其摇钱树不放：纸或塑料品。在此期间，数字化公司如雨后春笋般地冒出来，在没有相同的基础、开支或商业传统的情况下和它们竞争。

## 信息过剩？

被许多人视为“互联网之父”的谷歌现在首席互联网传道者温顿·瑟夫（Vinton Cerf），有个与你的袜子有关的信息。

好几年前，瑟夫在谷歌演讲时解释说，有朝一日，所有事物都将链接到互联网——这也包括某人的袜子。所以，如果一只袜子掉到洗衣机后面，它将会通知主人或是另一只袜子自己的新位置。

在瑟夫的愿景“物联网”（The Internt of Things）中，感应器最后将无所不在——被植入我们的 T 恤和我们服用的药品中，并能将即时信息与分析传送给我们本人。

在一篇为《纽约时报》撰写、探讨这个主题的博文里，我解释我们已经看到这个愿景的开端："医生使用与一颗药丸差不多大小的微型摄影机来检查消化道，并将信息与照片传回电脑。农耕设备能够搜集来自遥远卫星与地面感应器的资料，以预测天气，并调整将使用的肥料。在亚洲，大型广告板可以根据路人的偏好改变展示的图像。"

可以理解的是，所谓的"物联网"吓坏了一些人。将互联网嵌进每一件事物，或许会让人们依赖随时可能崩溃的科技。不仅如此，它还意味着更多的信息将被创造出来，而其中许多是越来越私密而独特的。这些科技引发了棘手的新问题——隐私，以及如何妥当运用我们所知道的一切。有些比我更深入未来的人突显了这项挑战。

举例来说，如果你在过去数十年间的任何时刻遇见史蒂夫·曼恩（Steve Mann），你一定会记得他：他看起来就像是电脑与人类的杂交品种。曼恩被认为是最早出现的一位数字生化人（digital cyborg）。过去 30 年来，他一直在试验可穿戴的电脑技术。他发明了一个获得专利的系统——"眼拍"（Eye Tap）。据他说，这个设备应该用于"电子新闻采集、纪录片、摄影新闻报道，以及个人安全"上，让佩戴者成为"情报网络"（intelligence network）的一部分。

几年前，当我在一场研讨会上初遇曼恩时，他戴着一副巨大的眼罩。这副眼罩看起来比较像万圣节装扮，不像电脑，而且似乎完全屏蔽了他的视野。这副眼罩由一组线路链接到他的头皮，同时也链接到附贴在他腰间的电脑，电脑监测着关于他与周围环境的信息，并将信息显现在嵌入眼罩的电脑显示器上。曼恩称这套装备为“介导现实”（mediated reality）。

为了方便研讨会的出席者，曼恩将此系统插入一台外部放映机，好让我们看见他所看见的。当时他正在吃午餐，于是屏幕上出现了一幅有豆子和其他蔬菜的图像，而周围环绕着一连串的图表和数字。他的可佩戴式电脑同时也记录了室内的所有声音与影像，并将它们上传到网络。

起初，我为这个想法深深着迷。用这样的装备来扩大你的现实世界，是多么地令人惊叹啊！你将永远不会忘记自己把车钥匙留在哪里，也不会忘记如何用另一种语言说“你好”。

然后，我遇到了高登·贝尔（Gordon Bell），这位 75 岁的研究者任职于西雅图的微软研究试验室（Microsoft Research Labs）。几年前，他创造出一种名为“感知相机”（Sense Cam）的装备。这个装备像一条大项链般挂在他的脖子上，记录他生活的每个方面，每天拍摄 1 000 张照片。他也像曼恩一样，记录每次互动的声音。他所见到的一切都经由无线网络传送回他的电脑，以便日后检索。

曼恩、贝尔以及其他持续摄录其生活的数字生化人，不仅挑战限度——某人想要了解你，可以到什么程度，也引发真诚的忧虑——有些事不被记录下来是否更好？诚然，让如此多的信息“存档”在某处，或许可以释放我们的大脑，以便我们从事更多成果丰富的创造性思考——2006 年，当作家克里夫·汤普森（Clive Thompson）在商业杂志《快公司》（*Fast Company*）上为贝尔作传略时，一位专家这样告诉他。但德国电脑科学家法兰克·纳克（Frank Nack）却说，他是“遗忘”的忠诚拥护者，因为遗忘是宽恕，从挫败中继续前进，甚至是欣赏怀旧的关键。

“这是我们理解人生、诠释事物的方式。”在《快公司》的文章里，纳克告诉汤普森：“每个人都在建构一个人生故事；我们全都需要忘记某些阶段。我可不想被人提醒自己说过的每一句话。”

对于曼恩和贝尔的检索系统，我的兴奋尚未完全消失。在某种程度上我渴望带着扩大的现实视野四处游走，但我知道，我们所搜集的信息必须维持某种平衡。必须有一种方式能让我们退出对于影像、声音和信息的持续寻求。当我遇见曼恩时，我的影像被自动记录下来，以供日后使用。想要避开他的监视，唯一的方法只有逃走。当互联网或电脑拒绝遗忘时，我们该怎么办？未来，如果政治候选人中学时在 Facebook 网页上留下又蠢又呆的照片，或是大学酒醉时发出一则将令所有 30 岁的人懊悔的推文，我们该如何应付呢？

从自己多彩多姿的过去来看，我明白这有多重要。虽然我在网络上长大，但谢天谢地，我十三四岁时还没有社交网络和数码相机，即时通信软件上的交谈还不会像今天的 Gmail 即时通信一样被存起来。这对我来说是件好事，因为没上网时，我都出门跟朋友一起闯祸去了。

幸运的是，当我的事业起步时，那些英勇事迹并没有出现在谷歌上，不过一旦本书出版，它们就会登上网络了。13 岁时，我因为偷一包香烟而被逮捕，但因我尚未成年，这件事就没有留下记录。14 岁时，我因为在墙上涂鸦而惹上警察，这件事也同样无迹可寻。15 岁时，我因为打架而被勒令暂时停学（当然，我打输了），这也不在 Facebook 或 Twitter 上。

如果 Facebook、Twitter、MySpace、YouTube 或其他社交网络在我 12 岁时便存在，我肯定会对网络上的朋友吹嘘自己的经验——那正是我当时在真实生活中所做的。果真如此，那些细节至今仍将存在于网络上，任何人都能找到。当我进入职场，倘若那些记录存在于网络上，我可能永远不会被《纽约时报》录用。

**媒体变革**
I LIVE IN THE FUTURE & HERE'S HOW IT WORKS

上述这一切都是对未来的警示。网络与科技必须留下一个让人可以犯错的空间。它们必须容许年轻人犯错。在要求人们为真正恶行负责的同时，它们也必须为匿名和遗忘保留一些余地，好让年轻人，甚至是年长一些的人拥有成长与改变的空间。

克里斯托弗·普尔（Christopher Poole）也持有同样的观点。普尔创立了留言板 4chan，在那里，人们可以匿名发布对任何事物的回应，通常人们也会使用各式各样的粗话与色情视频。虽然普尔承认某些发布者所说的内容很恶劣、恶心，但他相信来这个网站的人有权利以匿名的方式这么做，而且无须透露任何个人信息。他们有犯错误的权利。普尔不保留其使用者的任何个人信息，一段时间之后，所有发布在 4chan 上的内容都会像输送带上的产品一般消失无踪。

当我为了做人物专栏而访问普尔时，他对我讲了一场他最近参加的科技研讨会，会上有另一个人为匿名辩护，那人说道："青春的神奇之处，部分在于人们能够宽恕与遗忘。"普尔说，网络上可能出现一种情况，让孩子们永远没有机会犯错、被宽恕与遗忘，除非它的某些部分保持匿名且只会短期存在。"当我们还是小孩时，都会说一些蠢话，因为没有记录，所以不会有人在你 30 岁时，为了你在 8 岁说过的话或做过的事给你难堪。网上有这么多社交网络正迈向持久标识（persistent identity）的状态，结果使我们牺牲了年轻的能力。”他说，“10年内，你的一切言行都将显现在网络上，我认为这真是一件不幸的事。”

目前，愚蠢或不成熟并没有诉讼时效。比起布什总统，今日的年轻人将更难轻描淡写地一语带过自己的轻狂行径。布什说：“当我年轻而鲁莽时，我就是年轻而鲁莽。”但是，发生在网络世界中的事，不应该永远留在那里——如果不能了解这一点，我们的未来将严酷许多。

可以确定的是，曼恩、贝尔和今日的机器人使我们得以瞥见一个遥远时代的未来。我们的手机和数码相机每天拍下数以百万计的照片。4chan之类的网站的存在固然很重要——尽管社会上大多数人都不赞同它们的内容；但同样重要的是，未来的某些方面必须容许我们忘记过去的一些片段。

## 更加个性化，更多可能性

如果我们没有全部自我毁灭的话，科技前沿接下来还会带给我们什么呢？

这个嘛，答案其实是“一切”。

“我！”的概念不仅指你的新闻被个性化。它涉及所有被个性化的事物，从来自你电脑和手机的“一口大小”，到家庭与生活提供的“一份正餐”。想象你能够拿到一份可折叠的个性化数字报纸，而且每当你开启它时，它只会发来与你相关的新闻——根据你的朋友读过的内容，你所居住的地方，以及其他的个人兴趣。这幅情景离现在并不太远。

现在，想象同样的情况发生在物品上。也许你正在举行一场大型晚宴，需要再加两组亚洲风格的杯盘，来搭配你原有的这套餐具。你可以直接将它们打印出来。或者，也许你想要一个项圈——它可以告诉你你的猫在哪里，万一它走失了，还可以发一条短信到你的手机。

这类物品与硬件革命目前正在进行中，而这些大多发生在业余爱好者的车库和工作室里，就像在20世纪70年代与20世纪80年代早期，电脑曾经是诸多发明怪咖的梦想一般。几年前，我开始摸索着打造自己的电子设备，并开始会见网络上也有兴趣了解电晶体或微晶片如何运作的人。我开始与其他业余电子爱好者每周见一次面，分享手上进行的工作，并帮助彼此解决问题。随着消息扩散出去，参加聚会的人越来越多。最后，我们租了一个工作空间，并成立了一个名为“NYC Resistor”的组织。

“NYC Resistor”的宗旨在于制造东西。我们是硬件黑客——不，不是那种侵入银行账户并关闭电网的黑客，而是会把某一种硬件变成另一种硬件的黑客，你可以把它想成一个为电脑迷设立的俱乐部。

就像一个时代前的家酿电脑俱乐部（Homebrew Computer Club）一样，其他由电脑迷组成的俱乐部也在世界各地涌现，成员们打造各式各样疯狂的奇巧机械。在“NYC Resistor”，这群人合作创造出一个叫做“BarBot”的机器人，它会倒酒也会调酒。另一个成员把老旧的iPod改装成套鼓和其他会制造音乐的迷你机器。还有一位成员黛安娜·翁（Diana Eng），她用内嵌式的电子产品做衣服，并以闪烁的LED灯和未来风格的材质点缀她的服装。她的装束模糊了时尚与功能性服装之间的界线。

我最近做出一盏“智能”台灯，那是一个10厘米的半透明立方体。它摆在我的书桌上，可以依照我所设定的新闻快讯发出不同颜色的光。如果奥巴马总统提出一条新法案，并且在新闻中被报道出来，我的灯便会发出蓝光；如果我所居住的布鲁克林区有新闻发生，它便会发出橘光。这并不是非常实用的装置，却是我想要的产品，所以我决定制造它。将来你也能够制造出你自己的个性化产品。另外两位“NYC Resistor”的共同创始人也许帮得上忙：札克·霍肯（Zach Hoeken）和布雷·佩特斯（Bre Pettis）——我形容他们是“电脑迷乘 10 倍”，他们成立了一家名为“MakerBot”的公司，制造并销售“开放源码的 3D 打印机”（open-source 3D printing robots）。想象一个打印机摆在你家的书桌上,可以真的“打印出”塑胶材质的物体。“MakerBot”是一套可以被购买和组装的设备，售价约 500 美元。组装完成后，你就可以从互联网上下载任何物品的解析图，从捕鼠器到茶杯都行，然后将它们打出来，成为真实的塑胶制品。相对地，一台低阶的 3D 打印机目前要价约 2 万美元。

也有其他公司根据这种个性化硬件的概念而创立。“虫虫实验室”（Bug Labs）是一家小规模的电脑硬件公司，位于纽约市。它销售一种叫做“BUG”的装置，包含各式各样可以插入彼此的组件。BUG 的主体是一台电脑，大小相当于一副扑克牌，各种组件的尺寸则减半。例如，你想要一种设备，它能够在保姆照顾小孩时监控他们在游乐场玩耍的情形，一种方法是制造一个装备，让它每 10 分钟拍一张照片，并查明其所在的位置，然后将照片与地图通过电子邮件寄给你。“虫虫实验室”的想法是让你拿一台 BUG 电脑，加上一个摄影机组件、一个全球定位系统组件，再拿一个短信服务组件当成接通互联网的新装置。运用你的电脑，你可以设定让它执行你想要的步骤。完成之后，你便有了自己的“私人远距离儿童监视器”。

虽然这一切还要等几年才会发生，而且家庭硬件黑客大多是一群像我一样的电脑迷，但有朝一日，我们可能都会拥有 3D 打印机和其他即插即用

（plug-and-play）的科技产品，让我们能够创造为自己设计的个性化物品。这是个令人兴奋的想法。

对某些人来说，这可能也是个吓人的想法。我们不确知这些东西是什么模样的、它们会取代谁的工作，也不知道即时制造（instant manufacturing）会产生何种冲击。当连接的数字世界出现时，除了带来启示与惊奇，也会带来肿块与淤伤；同样，赋予我们新能力的附加进步，除了将带来推动世界的意外发展，也会带来各种问题与小麻烦。

I LIVE
IN THE FUTURE
& 后记
HERE'S HOW
IT WORKS

# 他们为什么回不来了

亲爱的执行官、出版商、制作人，编辑、作者、记者、广告部主任、导演……

传统的消费者不会回来了。印刷广告不会回来了。媒体、品牌及历史悠久的故事讲述方式都不会回来了。而且，几乎每个人最终都将做出这种转变。

他们不会回来了。

我不会在某天早上醒来说：“嘿，网络不适合我，我要再次开始购买激光唱片、印刷书籍和报纸。”我置身于新时代的消费者和贡献者当中，我们正在寻找新形式的内容与新的故事讲述方式。如果它不存在于某处，我们将在其他地方找到它、自行创造它，或者，在某些情况下，直接拿来为我所用。

我并不是唯一这样想的人。我知道你们中有些人希望这些改变会停止，或至少进入停滞期，但它们不会。这不是路途中间暂时的颠簸，而是社会在你的眼前发生的转变。就像印刷机协助巩固并塑造想象的社群，这些社群又变成国家一样，互联网也在做同样的事——它改变了我们对位置、信任、空间、时间和联系的定义。

诚然，非理性的经济影响了这一切发生的速度，迫使我们快速推进，促使数字光盘放映机、报纸、有线电视和其他大多数类似事物灭亡。但我可以向你保证，它们不会回来了。

在你变得更恐慌之前，请相信最重要的一点：我们一定会一起坠下这座悬崖。整个故事讲述产业，音乐、电影、电视、报纸、书籍、公关、广告、教学等每个行业都将受到影响。我们都在经历着同样的非自愿突变。有些人已经离开坚实的地面，而其他人正走向逐渐逼近的悬崖。但有件事是确定的：我们都会坠落悬崖。不过深谷的底部会出现什么却是我们可以决定的，而对某些幸运儿来说，别人的教训将帮助他们做好准备。

你看，追根究底，我们都只是讲述故事的人。无论你是在写一本书或一篇新闻报道、卖一件衣服或一辆车、发一篇博文描述你的周末，或是为某种新产品发新闻稿，你都是在讲述故事。无论它是 140 字，还是跟这本书一样长，是一部互动式或 3D 的视频，还是现身说法，它都是个故事。

过去，故事要花钱，而且是由能够取得印刷机或摄影棚的人来讲述的，但现在，人人都有能力平等地发布并分享信息。有了可供我们运用的便宜工具，有了手机、数码摄影机和笔记本电脑，我们都有了同样的发言权。一段用手机拍下，由路人上传到 YouTube 的芝加哥暴动短片，可以与 CNN 等耗资百万的电视网所拍摄的影片并肩而坐；一则由伊朗学生发送的推文，能够与《纽约时报》发送的信息传达到的人数一样多。

此外，我们正在创造的支撑社群——我们的社交网络，有助于确保每则信息都以同等重要与公平的方式被筛选及分享，并以个性化的方式传达给每个人。

不会回来的消费者正像蚂蚁一般，朝每个可能的方向急跑，而你大概正纳闷他们要往哪里去。他们在寻找——寻找我们尚未提供的新的故事讲述方式。深谷的底部，也就是新的媒体，能够提供一种新的故事讲述方式——就像电视刚出现时制作人不知道该如何处理摄影机和动作，于是开始拍摄广播节目。讲述故事的行业正对互联网做同样的事。我们正在将现有的内容直接聚集到网络上——我们正在拍摄广播节目。

尽管这听起来令人不安，我们却必须接受我们不只是在销售内容而已的事实。我们不是在销售纸上的文字或屏幕上的影像，相反，我们是在销售整体体验。我们所创造并销售的内容，只是千片拼图中的一小部分。

随着我们迈向故事讲述的下一段重述，随着消费者与创造者之间的差距被弭平，媒体将不再是信息，媒体将无所不在。信息将是业余的、专业的、无限的，而且它会以一口大小、点心的分量和一份正餐的形式共存。

社会已进入权力空白，另一边会出现什么并不是由公司或媒体巨擘决定的。

消费者在这场讨论中也拥有同等的影响力。我们需要驾驭这种学习，并共同协助探索未来。随着我们重新振作，再度出发的机会将出现——这种情况是会发生的，我们需要了解该如何进化、如何沟通和再度讲述故事。

随着配销渠道逐渐消失且变得无关紧要，新设备的普及促成了真正混融的沟通，新的商品将与长度、聚类、即时性，以及分众有关。

闲坐一旁，忽视公司内不再购买激光唱片或报纸、取消有线电视、开始打电子游戏而不阅读书籍的员工，或是禁止他们发表意见，并不足以解决问题。这些人正在试图告诉你未来的样子与它运作的方式。听不听随你。

该是重新组织、重新思考，并回到故事讲述这个行业的时候了。

真挚的

尼克·比尔顿

# 湛庐，与思想有关……

## 如何阅读商业图书

商业图书与其他类型的图书，由于阅读目的和方式的不同，因此有其特定的阅读原则和阅读方法，先从一本书开始尝试，再熟练应用。

**阅读原则1 二八原则**

对商业图书来说，80%的精华价值可能仅占20%的页码。要根据自己的阅读能力，进行阅读时间的分配。

**阅读原则2 集中优势精力原则**

在一个特定的时间段内，集中突破20%的精华内容。也可以在一个时间段内，集中攻克一个主题的阅读。

**阅读原则3 递进原则**

高效率的阅读并不一定要按照页码顺序展开，可以挑选自己感兴趣的部分阅读，再从兴趣点扩展到其他部分。阅读商业图书切忌贪多，从一个小主题开始，先培养自己的阅读能力，了解文字风格、观点阐述以及案例描述的方法，目的在于对方法的掌握，这才是最重要的。

**阅读原则4 好为人师原则**

在朋友圈中主导、控制话题，引导话题向自己设计的方向去发展，可以让读书收获更加扎实、实用、有效。

## 阅读方法与阅读习惯的养成

（1）回想。阅读商业图书常常不会一口气读完，第二次拿起书时，至少用15分钟回想上次阅读的内容，不要翻看，实在想不起来再翻看。严格训练自己，一定要回想，坚持50次，会逐渐养成习惯。

（2）做笔记。不要试图让笔记具有很强的逻辑性和系统性，不需要有深刻的见解和思想，只要是文字，就是对大脑的锻炼。在空白处多写多画，随笔、符号、涂色、书签、便签、折页，甚至拆书都可以。

（3）读后感和PPT。坚持写读后感可以大幅度提高阅读能力，做PPT可以提高逻辑分析能力。从写读后感开始，写上5篇以后，再尝试做PPT。连续做上5个PPT，再重复写三次读后感。如此坚持，阅读能力将会大幅度提高。

（4）思想的超越。要养成上述阅读习惯，通常需要6个月的严格训练，至少完成4本书的阅读。你会慢慢发现，自己的思想开始跳脱出来，开始有了超越作者的感觉。比拟作者、超越作者、试图凌驾于作者之上思考问题，是阅读能力提高的必然结果。

好的方法其实很简单，难就难在执行。需要毅力、执著、长期的坚持，从而养成习惯。用心学习，就会得到心的改变、思想的改变。阅读，与思想有关。

[ 特别感谢：营销及销售行为专家 孙路弘 智慧支持！ ]

**我们出版的所有图书，封底和前勒口都有“湛庐文化”的标志**

湛庐文化 Cheers Publishing

a mindstyle business 与思想有关

**并归于两个品牌**

财富汇　　心视界

**找“小红帽”**

为了便于读者在浩如烟海的书架陈列中清楚地找到湛庐，我们在每本图书的封面左上角，以及书脊上部47mm处，以红色作为标记——称之为**“小红帽”**。同时，封面左上角标记**“湛庐文化 Slogan”**，书脊上标记**“湛庐文化 Logo”**，且下方标注图书所属品牌。

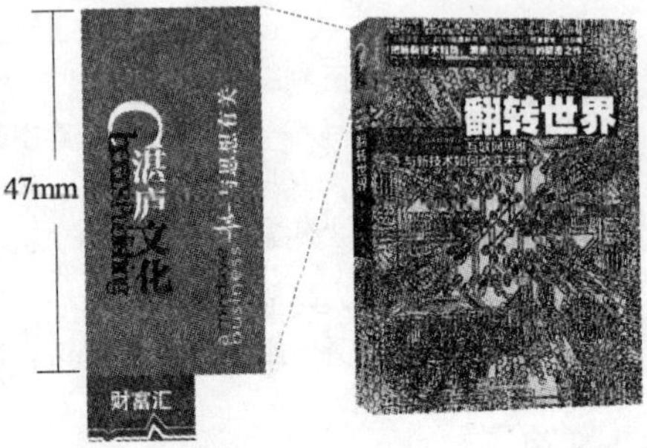


湛庐文化主力打造两个品牌：**财富汇**，致力于为商界人士提供国内外优秀的经济管理类图书；**心视界**，旨在通过心理学大师、心灵导师的专业指导为读者提供改善生活和心境的通路。

**阅读的最大成本**

读者在选购图书的时候，往往把成本支出的焦点放在书价上，其实不然。

**时间才是读者付出的最大阅读成本。**

阅读的时间成本=选择花费的时间+阅读花费的时间+误读浪费的时间

湛庐希望成为一个“与思想有关”的组织，成为中国与世界思想交汇的聚集地。通过我们的工作和努力，潜移默化地改变中国人、商业组织的思维方式，与世界先进的理念接轨，帮助国内的企业和经理人，融入世界，这是我们的使命和价值。

我们知道，这项工作就像跑马拉松，是极其漫长和艰苦的。但是我们有决心和毅力去不断推动，在朝着我们目标前进的道路上，所有人都是同行者和推动者。希望更多的专家、学者、读者一起来加入我们的队伍，在当下改变未来。

湛庐文化 Cheers Publishing
a mindstyle business 与思想有关

# 湛庐文化2008-2012年获奖书目

**《正能量》**

《新智囊》2012年经管类十大图书，京东2012好书榜年度新书。

35年职业经理人养成心得，写给有追求的职场人。

聆听总裁的职场故事，发掘自己与生俱来的正能量。

**《牛奶可乐经济学》**

国家图书馆“第四届文津奖”十本获奖图书之一，唯一获奖的商业类图书。

搜狐、《第一财经日报》2008年十本最佳商业图书。

用经济学的眼光看待生活和工作，体验作为“经济学家”的美妙之处。

**《清单革命》**

《中国图书商报》商业类十大好书。

全球思想家正在读的20本书之一。

一场应对复杂世界的观念变革，一部捍卫安全与正确的实践宣言。

**《大而不倒》**

《金融时报》·高盛2010年度最佳商业图书入选作品。

美国《外交政策》杂志评选的全球思想家正在阅读的20本书之一。

蓝狮子·新浪2010年度十大最佳商业图书，《智囊悦读》2010年度十大最具价值经管图书。

一部金融界的《2012》，一部丹·布朗式的鸿篇巨制。

**《金融之王》**

《金融时报》·高盛2010年度最佳商业图书。

蓝狮子2011年度十大最佳商业图书，《第一财经日报》2011年度十大金融投资书籍。

一部优美的人物传记，一部独特视角的经济金融史。

**《快乐竞争力》**

蓝狮子2012年度十大最佳商业图书。

赢得优势的7个积极心理学法则，全美10大幸福企业“幸福感”培训专用书。

**《大客户销售》**

蓝狮子·新营销2012最佳营销商业图书。

著名营销及销售行为专家孙路弘最新作品，一本提升大客户销售能力的实战秘笈。

**《自营销》**

百道网2013年度潜力新书。

全球最具创意广告公司CP+B掌门人的洞见之作，让好产品和好营销同唱一首歌。

**《认知盈余》**

2011年度和讯华文财经图书大奖。

看“互联网革命最伟大的思考者”克莱·舍基如何开启无组织的时间力量。

看自由时间如何成就“有闲”世界，如何引领“有闲”经济与“有闲”商业的未来。

**《爆发》**

百道网2013年度潜力新书。

大数据时代预见未来的新思维，颠覆《黑天鹅》的惊世之作，揭开人类行为背后隐藏的模式。

**《微力无边》**

2011年度和讯华文财经图书大奖“最佳装帧设计奖”。

中国最早的社会化媒体营销研究者杜子建首部作品，一部微博前传，半部营销后传。

**《神话的力量》**

《心理月刊》2011年度最佳图书奖。

在诸神与英雄的世界中发现自我，当代神话学大师约瑟夫·坎贝尔毕生精髓之作。

**《真实的幸福》**

《职场》2010年度最具阅读价值的10本职场书籍。

积极心理学之父马丁·塞利格曼扛鼎之作。

哈佛最吸引人、最受欢迎的幸福课。

# 延伸阅读

## 《孵化 Twitter》

扫码直达本书购买链接

◎国内首部源自真实采访的 Twitter 成长史。
◎中英文版零时差同步上市。
◎关于金钱，权力，友谊，背叛的真实故事。

## 《人人时代》

扫码直达本书购买链接

◎“互联网革命最伟大的思考者”克莱·舍基经典作品。
◎全球思想家正在读的 20 本书之一。
◎无组织的组织力量，《未来是湿的》再版升级。

## 《认知盈余》

扫码直达本书购买链接

◎看自由时间如何成就“有闲”世界。
◎看克莱·舍基如何引领“有闲”经济与“有闲”商业的未来。
◎腾讯掌门人马化腾首度亲笔作序。

## 《完美的群体》

扫码直达本书购买链接

◎谁说群体就是乌合之众？
◎社交网络时代对群体行为的全新解读。
◎全能科学家向《乌合之众》发起终极挑战。

图书在版编目（CIP）数据

翻转世界：互联网思维与新技术如何改变未来 /（美）比尔顿著；王惟芬，黄柏恒，杨雅婷，译 .—杭州：浙江人民出版社，2014.3

ISBN 978-7-213-04514-1

Ⅰ.①翻… Ⅱ.①比… ②王… ③黄… ④杨… Ⅲ.①网络经济–通俗读物 Ⅳ.①F062.5-49

中国版本图书馆 CIP 数据核字（2013）第 275562 号



上架指导：互联网思维 / 互联网趋势



翻转世界：互联网思维与新技术如何改变未来

作　　者：[美] 尼克·比尔顿　著
译　　者：王惟芬　黄柏恒　杨雅婷　译
出版发行：浙江人民出版社（杭州体育场路347号　邮编　310006）
　　　　　市场部电话：（0571）85061682　85176516
集团网址：浙江出版联合集团　http://www.zjcb.com
责任编辑：金　纪
责任校对：姚建国
印　　刷：藁城市京瑞印刷有限公司
开　　本：720 mm × 965 mm　1/16　　印　　张：16
字　　数：19.4 万　　插　　页：3
版　　次：2014 年 3 月第 1 版　　印　　次：2015 年 4 月第 4 次印刷
书　　号：ISBN 978-7-213-04514-1
定　　价：49.90 元

如发现印装质量问题，影响阅读，请与市场部联系调换。